Eine Finca auf Mallorca

W0088156

Für Tobias und Nikolai

*Mit dem Positiven muß man es
nicht so ernsthaft nehmen,
sondern sich durch Ironie darüber
erheben und ihm dadurch die
Eigenschaft des Problems erhalten.*

Johann Wolfgang von Goethe

Eine Finca auf Mallorca

oder: *Geckos im Gästebett*

Elke Menzel

Impressum

Elke Menzel
Eine Finca auf Mallorca
oder: Geckos im Gästebett
2. Auflage 2002

Reise Know-How Verlag
ISBN 3-89662-176-9

Herstellung
Titelgestaltung: Günter Pawlak/Bielefeld
Illustrationen und Fotos: Elke Menzel
Lektorat: Hartmut Ihnenfeldt
Layout: Hans-R. Grundmann
Druck: Fulda Verlagsdruck

Dieses Buch ist in jeder Buchhandlung
in Deutschland, Österreich und der Schweiz erhältlich.
Die Bezugsadressen für den Buchhandel sind

– Prolit Gmbh, 35463 Fernwald
– AVA Buch 2000, CH-8910 Affoltern
– Mohr & Morawa GmbH, A-1230 Wien
– Barsortimenter

Wer im lokalen Buchhandel Reise Know-How-Bücher nicht findet,
kann diesen und andere Titel der Reihe auch beim Verlag
(℡ 04488 761994), oder bei der Germinal GmbH,
Verlags- und Medienhandlung in D-35463 Fernwald bestellen:
℡ 0641 41700; Fax 0641 943251; Email: bestellservice@germinal.de

Das "wahre" Mallorca

Millionen Menschen haben in den letzten Jahrzehnten Mallorca kennengelernt, die meisten als Touristen für wenige Urlaubswochen. Und viele von ihnen kommen – unbeschadet der bekannten Auswüchse des Massentourismus` – immer wieder auf die nach wie vor populärste Ferieninsel der Deutschen.

Über 50.000 Ausländer machten Mallorca sogar zur zweiten Heimat und genießen dort ganz oder für einen Teil des Jahres im eigenen Appartement oder Haus das mediterrane Klima und die mallorquinische Lebensart. Auch meine Familie und ich gehören dazu und sind seit über 10 Jahren zeitweise "Residenten" auf der Insel. Und nur als solche, das ist jedenfalls unsere feste Überzeugung, kennen wir das eigentliche, das "wahre" Mallorca, das Land und das wirkliche Leben hinter der lauten Bühne des Tourismus` in den Küstenorten.

Mit meinen kleinen Geschichten habe ich in diesem Buch auf humorvolle Art ein Bild von den alltäglichen Begebenheiten und besonderen Erlebnissen gezeichnet, wie sie typisch sind für den Start auf Mallorca und das Leben auf einer Finca am Rande eines mallorquinischen Städtchens. Aus ihnen wird klar, daß das "wahre" Mallorca bestenfalls ein Paradies mit kleinen Fehlern ist, die mit Gelassenheit zu ertragen, man erst lernen muß. Das fällt uns Mitteleuropäern nicht immer leicht.

Die im Text erwähnten Personen gibt bzw. gab es wirklich; einige von ihnen möchte ich hier vorstellen:

Zuerst ist da *Juan*. Von ihm haben wir unser Haus gekauft und mit seiner Hilfe und seinem Rat renoviert. Er brachte uns mit den besten Handwerkern zusammen und führte sozusagen die Bauaufsicht. Die Realisierung all unserer Wünsche und Ideen lief über ihn. Manchmal gab er auch seine eigenen Vorstellungen direkt an die Handwerker weiter (ohne unseren Segen), allerdings nie zu unserem Nachteil. Es war fast, als renoviere er sein eigenes Haus, zumal er gerne dort gewohnt hätte, wenn *Catalina*, seine Frau, dem zugestimmt hätte.

Dann ist da *Jaime*. Als wir ihn kennenlernten, war er weit über die 60. Zusammen mit *Guillermo* hat er alle Steinarbeiten ausgeführt. Vor allem hat er die *paredes secas* gebaut, die mörtellosen Steinmauern, die arabischen Ursprungs und typisch für die Insel sind. Er war einer der wenigen auf Mallorca, die sich noch auf dies alte Handwerk verstehen.

Mit der Zeit wurde *Jaime* zum "Schutzpatron" unseres Hauses, schon deshalb, weil sein Name identisch war mit *Sant Jaume*, dem Heiligen Jakob, der auch gleichzeitig der Schutzheilige unseres Dorfes ist. In unserer Abwesenheit fühlte er sich sowohl für alles verantwortlich als auch ein bißchen als *dueño*, als Besitzer, und war voller Stolz und Bewunderung für die von ihm selbst gesetzten Trockenmauern.

Wenn wir da waren, schaute er gern mal vorbei und freute sich über unsere Zufriedenheit, meistens am Vormittag, so gegen elf Uhr. Diese Zeit nannte er *hora de la gasolina*, die Stunde des "Kraftstoffs", und meinte damit eine Flasche *San Miguel*-Bier, die er sich – ohne Glas – auf der Steinbank vorm Haus schmecken ließ.

An einem Sonntagvormittag im Oktober, drei Tage vor unserer Ankunft, hatte er noch einmal vorbeigeschaut, um zu sehen, ob alles in Ordnung sei. Danach war er zurück ins Dorf gefahren und plötzlich mitten auf der Straße vom Moped gefallen. 70 Jahre alt ist er geworden.

Mit perfekten, ohne Mörtel aufgeschichteten Mauern hat sich *Jaime* auf unserer Finca sein eigenes kleines Monument geschaffen.

Mateo war unser Klempner. Inzwischen ist er Kunst- und Antiquitätenhändler. Er und seine Frau *Cati* zeigten uns die schönsten Ecken ihrer Heimat und sind heute gute Freunde. Sie lieben ihre vier Hunde, die mit ins Haus dürfen und vorm Kamin auf einem Kissen den besten Platz haben.

Dank dieser und anderer mallorquinischer Freunde, der Nachbarn und natürlich auch der Kontakte zu deutschen Residenten ergab es sich, daß ich über die Jahre die Verhältnisse auf der Insel intensiv kennengelernt habe. Meine Weise, dem Leser mit diesem Buch "mein" Mallorca – als Ferienziel wie als Wahlheimat – näherzubringen, ist daher vielfach sehr persönlich geprägt. Nichtsdestoweniger hoffe ich, daß nicht wenige darin auch "ihr" Mallorca wiederfinden.

Elke Menzel

Inhaltsverzeichnis

Eine Finca auf Mallorca

Inhaltsverzeichnis

Vom Urlauber zum Fincabesitzer

Über die nördlichste Spitze der Insel, dem Cap Formentor, erreichte das Flugzeug nach zweieinhalb Stunden Mallorca.

Rötlich braune, unregelmäßige Rechtecke waren aus großer Höhe der erste Eindruck. Ab und zu eine kleine Ortschaft, die farblich fast mit dem Land verschmolz und einzeln gelegene Gehöfte, manchmal mit einem bißchen Grün von bewässerten Feldern drumherum. Dann in weitem Bogen über die Bahía de Palma – und natürlich die Kathedrale! Die hat auch früher schon, als man Mallorca nur per Schiff erreichen konnte, jeden Ankömmling gegrüßt.

Unsere Freunde hatten uns animiert, den Sommerurlaub auf Mallorca zu verbringen. Sie bauten sich dort gerade ein Haus am Meer und wollten uns teilhaben lassen an ihrer Begeisterung. Als Quartier empfahlen sie eine neu angelegte Ferienurbanisation in ihrer Nähe. Was sie davon hatten, sollten sie bald erleben.

Wir kannten Mallorca bis dahin noch nicht und hatten nur gehört, daß es dort viele Putzfrauen geben solle.

Beim Aussteigen aus dem Flugzeug wurden wir zunächst einmal, sozusagen zur Begrüßung, auf der Gangway fotografiert. Die Fotos mit unseren fröhlich-erwartungsvollen Gesichtern überm sommerlichen Outfit besitzen wir immer noch. Es war Juli und sehr heiß.

Und nachts in unserer Urbanisation sehr laut.

Die nächtliche Animation und der Discolärm zusammen mit der Hitze unserer sonnenverbrannten Körper raubten uns den Schlaf. Selbst unsere halbwüchsigen Söhne fühlten sich dabei nicht wohl.

Die neue Ferienanlage war um eine zauberhafte kleine Bucht herumgebaut worden, deren Charme jedoch, der vielen Menschen wegen, kaum noch zu erkennen war. In der Anlage selbst gab es außer den frisch gepflanzten, noch mickrigen Blumen und Sträuchern auch nicht viel Mallorquinisches zu sehen.

Allerdings sahen wir viele Putzfrauen. Die waren sehr mallorquinisch und kämpften von früh bis spät gegen Inselstaub und Urlauberdreck.

Aber wir hatten ja Gott sei Dank einen Leihwagen – und mit dem verließen wir schon am zweiten Tag nach kurzer Nachtruhe und kurzem Frühstück schnellstens die Ferienanlage. Kaum waren wir draußen, befanden wir uns schon mitten drin im malerischen Mallorca!

Zwischen alten Feldsteinmauern zuckelten wir nun auf engen Straßen in Richtung – ja, natürlich, zu unseren Freunden. Ab und zu Blicke auf ein paar dicht in den Mauerschatten gedrängte Schafe sowie auf einzeln verstreut liegende Landhäuschen, die man hinter blühenden Bougainvilleas kaum richtig erkennen konnte.

Die Freunde saßen auf ihrer halbfertigen Terrasse und freuten sich, daß wir kamen. Auch ihre beiden Töchter waren begeistert, in den Ferien die Gesellschaft von Schulkameraden zu haben. Wir waren eine willkommene Abwechslung für die ganze Familie und ehrliche Bewunderer ihres schönen, fast fertigen Hauses.

Nach einer Woche allerdings ließ die Freude über unser Kommen, wie ich es heute sehe, schon merklich nach. Schließlich hatten wir schon alles bewundert: die schönen Fliesen auf dem Boden, die Kacheln in den Bädern, die Arbeitsplatte aus Granit in der Küche und darauf das mediterrane Früchtearrangement. Die schattige

Terrasse mit ihrer Sandstein-Ballustrade gab einen herrlichen Blick durch alte Pinien aufs blaue Meer frei, und
es war für uns eine Wohltat, die heißen Mittagsstunden
träge mit lieben Freunden zu verbringen.

Und diese Ruhe – paradiesisch!

Leider hatten sie keinen Pool – wo der hinsollte, guckte
man noch auf eine häßliche Zementfläche jenseits der
Terrasse und auf Felsbrocken am Hang.

Aber zum Strand waren es nur drei Minuten zu Fuß.
Dort fand man uns ab der zweiten Woche häufiger. Endlich hatten wir gemerkt, daß unsere Freundschaft mit
unserem täglichen Erscheinen wohl etwas überstrapa-
ziert wurde. Doch – es war schön auf Mallorca, viel
schöner, als wir es uns vorgestellt hatten.

Im Sommer des folgenden Jahres kamen wir wieder.

Wir hatten eine schönere Unterkunft, und das Haus der Freunde war inzwischen fertiggestellt. Auch der Pool. Herrlich warmes, weiches Süßwasser und längst nicht so überfüllt wie der in der Ferienhaus-Anlage!

Unsere Freunde hatten sich ehrlich gefreut, als wir wieder da waren – die ersten drei Tage! Nun ja, der Strand war ja nicht weit. Schön, so ein eigenes Domizil auf Mallorca! Aber diese ewige Fliegerei. Und um tausend Dinge hatten sie sich zu kümmern. Die Handwerker kommen nie pünktlich – im Sommer schon gar nicht. Und so richtig Ferien haben unsere Freunde eigentlich auch nicht. Und dann noch ständig Gäste! Nein, das konnten wir beim besten Willen nicht nachvollziehen. So etwas wollten wir nicht.

Und dann war wieder Sommer. Wir hatten ein Schiff gechartert, auf dem wir diesmal mit unseren Kindern Mallorca von der Wasserseite aus genießen wollten; so von Hafen zu Hafen schippern, von leichtem Wind angenehm gekühlt, tagsüber in kleinen Buchten ankern und am Abend in netten kleinen Hafenrestaurants den Tag ausklingen lassen. Das wäre doch schön!

Aber der Teufel steckte wie immer im Detail – oder besser: in der Elektrik! Die Motoren liefen heiß, und der Kühlschrank – im Sommer das wichtigste Aggregat im Schiff – funktionierte nicht. Den vor Schweiß triefenden Mechaniker des Vercharterers hatten wir deswegen schon dreimal an Bord. Der Erfolg war, daß man bei Berührung der Kühlschranktür einen ziemlichen elektrischen Schlag erhielt. Den Rest unserer Butter träufelten wir uns deshalb in den nächsten zwei Tagen auf unsere Brötchen und verzichteten darauf, neuen Aufstrich zu kaufen.

Auch schluckten die Motoren, wenn sie denn liefen, Unmengen an Benzin und stießen dunkle Qualmwolken aus. Kamen wir von einem Ausflug zurück und näherten uns der Hafeneinfahrt, hatte uns der Hafenmeister schon längst erspäht und radelte in Windeseile zu unserem Liegeplatz in der linken Ecke des Hafens, um uns beim Anlegen behilflich sein zu können. Ohne die Manövrier- und Steuerkünste des Familienoberhaupts schmälern zu wollen, ist doch zuzugeben, daß die Fähigkeiten der übrigen Crewmitglieder einiges zu wünschen übrig ließen.

Eigentlich lernten wir wegen dieser Widrigkeiten nur einen einzigen Hafen kennen – den aber richtig! Vor allem seine sanitären Anlagen – blitzsauber waren sie, jedoch gab es nur eine einzige Toilette. Und die hatte noch nicht einmal ein Fenster, und das im Hochsommer! Irgendwie war mir das zu wenig, ein bißchen mehr Komfort hätte ich (obwohl seit Jahren hafenerprobt und seeerfahren) schon gerne gehabt. Die Schiffstoilette konnte man im Hafen nicht benutzen – und mehr als einmal stand ich nachts im Bikini auf der hinteren Plattform des Schiffs, um mich notdürftig mit einem Wasserschlauch zu duschen, wobei ich geschickt in der Dunkelheit die Abstände zwischen jeweils zwei Hafenpromenierern ausnutzte.

Ein Leihwagen mußte her.

Der stand nun hinter unserem seeuntüchtigen Schiff am Kai und direkt neben der Hafenmülltonne, die tagsüber in der Hitze stank, dafür aber jede Nacht um zwei Uhr morgens pünktlich geleert wurde.

Wir fuhren nach wenig Schlaf und kurzem Frühstück zum Haus der Freunde oberhalb unserer Lieblingsbucht.

Es war uns ja bereits alles von den letzten beiden Sommern her vertraut, und man kannte uns dort auch schon.

Es muß wohl eine Verzweiflungstat gewesen sein. Jedenfalls schickten uns die Freunde eines schönen Tages zu *Juan*, der unten an der Bucht neben seinem Restaurant und dem Strandbedarfsladen seiner Frau auch noch ein Immobilien-Büro führte. Sie hätten gehört, daß dieser *Juan* eine alte Finca, das heißt, ein altes Landhaus zu verkaufen hätte. Wir könnten uns ja mal ganz unverbindlich den Schlüssel von ihm holen. Und das taten wir dann auch – ganz unverbindlich.

Typisch deutsch machten wir uns in den heißen Mittagsstunden auf den Weg – aber es war ja nicht weit.

Von der Bucht zum nächsten Ort und dann gleich rechts wieder hinaus und dann noch gut einen Kilometer weit links an der Landstraße – ganz leicht zu finden.

Am Ende einer langen, mit winzigen – im trockenen hohen Unkraut kaum erkennbaren – Palmen gesäumten Zufahrt schaute uns ein uraltes, gemauertes Steinhaus aus dunklen, leeren Fensterhöhlen an, als warte es auf einen neuen Besitzer.

Und da hörte ich sie, die Stimme: Hier gehörst du hin, hier ist dein Zuhause, hier hast du schon einmal gelebt. Oder bildete ich mir das nur ein? War es nur das Zirpen der Grillen in der flirrenden Hitze?

Ich berührte die zimtfarbenen und grau-verwitterten Steine, fühlte ihre Wärme, nahm Kontakt auf mit der steingewordenen alten Kultur Mallorcas. Welch Unterschied zur lauten, modernen, touristischen Welt!

Durch die hölzerne, mit Schloß und Kette gesicherte Tür und deren ausgetretene Türschwelle traten wir ein in das kühle Innere des Hauses. *Juan* hatte bereits ein neues Dach installieren lassen, aber die Reste des alten eingebrochenen Ziegeldachs lagen als Schutt auf dem lehmgestampften Fußboden. Als unsere Augen sich an die Dunkelheit gewöhnt hatten, erkannten wir in der Ecke eine halbzerbrochene Nähmaschine neben einem alten Joch. Rechter Hand ging es in die einfache Bauernküche, deren steinerne Wandborde zum größten Teil erhalten waren. Aus dem tönernen Waschzuber in der Ecke war ein Stück herausgebrochen, die Wand hinter der Feuerstelle tief geschwärzt.

Winzige Fensteröffnungen, um im Sommer die Hitze, und im Winter die Kälte draußen zu lassen. Eine alte, ausgetretene Steintreppe führte nach oben. Wieviele Füße mögen hier wohl gegangen sein?

Wir traten wieder nach draußen ins helle Tageslicht. Vor der Tür uraltes, von eisenbeschlagenen Wagenrädern ausgefahrenes Felsgestein. Ein halb zerbrochener Eselskarren als stummer Zeuge. Rechts an der Hauswand die Reste eines Schafstalls, der sich auf der Wetterseite an das Haus schmiegte. Genau gegenüber der Haustür ein alter Steinofen, flankiert von kleinen Mauern, die den Küchengarten umgaben. Und direkt neben der Eingangstür eine abgrundtiefe Zisterne. Auf ihrem Grund spiegelten sich in einem Wasserrest unsere Gesichter. Wir schauten uns an, fragend ...

Eine Nacht haben wir noch darüber geschlafen, auf dem Schiff im Hafen, neben der Mülltonne.

Am Tag darauf gingen wir dann zu *Juan*. Der strahlte nun übers ganze Gesicht – und wir auch! An die Millionen, die wir ihm noch bezahlen sollten, dachten wir in dem Moment nicht. *Juan* sicherlich schon! Doch es waren ja nur Pesetas.

Vertrauen ist gut, Kontrolle nicht nötig

Wie jeder Mallorcakundige weiß, gilt dort noch immer der Handschlag als Besiegelung eines Kaufvertrages.

Das war auch bei uns so.

Erst drei Monate später gingen wir gemeinsam mit *Juan* zum örtlichen Notar, um alles amtlich und urkundlich bestätigen zu lassen.

Wir waren nun wirklich und wahrhaftig Fincabesitzer! Unabhängig von der notariellen Beglaubigung war die Bautätigkeit bereits in vollem Gange. Einen Architekten brauchten wir nur der Form halber, um eine amtliche Baugenehmigung zu erhalten, da das alte Haus schließlich schon seit drei Jahrhunderten stand. Das sparte auch den Statiker. Der Architekt hatte deshalb so gut wie nichts zu tun – er zeichnete lediglich einen Grundriß mit Außenwänden, die in keinem Falle im rechten Winkel standen, was ihm die Arbeit erheblich erleichterte (den ursprünglichen Erbauern damals erschien das nicht wichtig). Außerdem ein paar Wände im Innenbereich, die vor allem im Obergeschoß unserer Vorstellung von der Aufteilung in Schlafzimmer und Bäder entsprachen, und auf deren Winkelberechnungen wir auch keinen besonderen Wert legten.

Daraufhin erhielten wir das offizielle *Obras*-Bauschild mit amtlicher Nummer. *Eugenio*, unser Baumeister, konnte sich mit seinen *albañiles* ans Werk machen.

Ansonsten war nicht mehr viel zu tun.

Salvador, der Elektriker, machte die Arbeit ganz allein. Er wollte nur wissen, wo wir Steckdosen benötigten und wo wir Lampen installieren wollten. Mein Gott, so genau konnten wir ihm das gar nicht sagen. Deshalb können wir nun unsere Betten wahlweise längs oder quer im Raum aufstellen – wegen der doppelten Anzahl an Nachttischlampen-Steckdosen, versteht sich. Und in den Bädern, da haben wir ganz oben an der Wand eine Steckdose für eine Heizröhre im Winter. Und die Waschmaschine steht genau dort, wo der Elektriker sie hinhaben wollte.

Was hatten es die alten Mallorquiner damals vor dreihundert Jahren doch gut! Eine Feuerstelle in der Küche und vielleicht noch ein oder zwei Kerzen, falls man im Dunkeln noch auf sein sollte.

Ach ja, die Küche. Das war das Einfachste. Sie war ja schon fast komplett. Eine riesige Kaminhaube dominierte den kleinen Raum und unterteilte ihn in zwei Hälften. An ihrer steinernen Kante stoßen wir uns bis heute den Kopf.

Da, wo früher das Feuer Tag und Nacht brannte, kam der Herd hin – das war selbstverständlich der einzig mögliche Platz für das Kochgerät des zwanzigsten Jahrhunderts. Den Wrasenabzug konnten wir uns wegen der Kaminhaube sparen. Nur einen Kühlschrank brauchten wir noch; wir entschieden uns für einen kleinen, damit die Küche optisch nicht verschandelt würde. Deshalb sind nie genug kühle Getränke bei uns vorhanden. *Eugenio*, der Baumeister, mauerte die Küchenborde und Arbeitsplatten einfach wieder auf. Küchenschranktüren bräuchten wir nicht, schließlich hatten die alten Mallorquiner auch nur selbstgenähte Vorhänge.

Aber ein Spülbecken mußte her. Edelstahl, Keramik, Kupfer, Marmor? Es gibt in mallorquinischen Baugeschäften alles, was das Herz begehrt. Unser zukünftiges Spülbecken sollte jedoch antik sein – wenigstens ein bißchen. Wir fanden es in der nahen Bucht direkt am Meer. Dort war es in der Außentreppe, die vom Strand zu einem alten Fischerhaus führte, eingemauert. Senkrecht, sozusagen als Teil eines Handlaufs. Das Fischerhaus gehörte der Nichte von Juans Frau *Catalina* – und eigentlich benötigten sie das Becken nicht mehr unbedingt. Wenn es mir gefiele, könnten wir es ruhig haben. Beim Herausklopfen aus der Treppen-Seitenwand ging auch nur ein klitzekleines Stück zu Bruch. Und gekostet hat es nichts. Sie hätten nur gerne ein von mir gemaltes Bild von ihrem malerischen Fischerhaus am Strand, wenn es sich machen ließe.

Große Freude bereitete uns das Aussuchen der *azulejos* und *baldosas*.

Das war ein wahres Schwelgen in Formen und Farben! Kiloweise schleppten wir die Musterfliesen mit uns herum und hatten tagelang kein anderes Thema als die Ausschmückung unseres neuen Heims mit *cerámicas*.

Leider ist es uns nicht gelungen, die ausgewählten Bodenfliesen auch wirklich verlegen zu lassen. Da hat sich *Juan* mit seinem mallorquinischen Dickschädel durchgesetzt, indem er auf einer bestimmten Version bestand. Wahrscheinlich hat er dafür die meisten Prozente bekommen. Nun haben wir also einen hellen, einfachen Terracottafußboden anstatt eines dunkleren, der mit hübschen Motivkacheln durchsetzt gewesen wäre, die es mir besonders angetan hatten.

Das Gute daran ist, daß man sehr viel besser Ameisen und andere Krabbeltiere auf ihm erkennt, die es immer wieder zu uns ins Haus zieht.

Der Klempner machte auch keine Probleme. Er verlegte seine Leitungen dorthin, wo wir sie brauchen würden und montierte die sanitären Objekte an die richtige Stelle.

"El cuarto de baño es Roca" konnte man (als Werbeslogan des Sanitärausstatters und Keramikherstellers *Roca*) in jeder spanischen Wohnzeitschrift lesen, und erleichterte uns erheblich das Aussuchen.

Wenn man nicht aufpaßte, bekam man aber ungefragt eine Art "Handsteinbecken" mit geriffeltem Boden installiert. Das ist wahrscheinlich für die "kleine Wäsche" gedacht und gehört zur Grundausstattung jeder mallorquinischen Waschküche. Wir konnten den Einbau noch rechtzeitig verhindern – allerdings nicht die Installation des dafür bestimmten Wasserhahns. Der hängt nach wie vor völlig unsinnig und verloren an der Wand. Und das Abflußrohr darunter mußten wir zustöpseln. Ich vermute, daß es sich bei diesem eigenwilligen Objekt um die moderne Variante des uralten Waschzubers handelt, den man in jeder einigermaßen erhaltenen Finca in der Küche findet. Den muß man sich als großen runden Tonbehälter vorstellen, oben mit einem Durchmesser von einem knappen Meter und nach unten spitz zulaufend mit einem Abflußloch.

Darin wusch man die Wäsche.

Catis betagte Mutter erzählte mir einmal ausführlich, wie es deren Großmutter damals machte, als die Seife noch nicht erfunden oder zumindest ein Luxusartikel war, den man nicht für die Schmutzwäsche vergeudete.

Man nahm dafür Asche! Ja, genau, die Asche vom offenen Herdfeuer. So etwa ein oder zwei Hände voll gab man in ein Mullsäckchen, band es zu und legte es zu den schmutzigen Laken in den Waschzuber. Auf dem Feuer bereitete man dann einen Kessel heißes Wasser nach dem anderen, goß es zur Wäsche und zur Asche und rührte ordentlich drin herum, wobei die Asche zu verseifen begann. Danach mußte solange gespült werden, bis das Waschwasser wieder klar unten aus dem Loch floß und dort aufgefangen wurde. Natürlich vergeudete man es nicht, sondern wässerte damit draußen im Garten den Kohl und den Knoblauch. Die restliche Asche vom Feuer verteilte man als Dünger und Anti-Schneckenfraßmittel um alle Pflanzen herum.

Mit *Rafael*, dem Tischler, gab es auch keine Schwierigkeiten. Er hatte viel zu tun an Schränken, Türen, Fenstern und Persiannas, an Garagentor und Eingangspforte. Wir ließen ihm freie Hand, denn schließlich war er ein mallorquinischer Handwerker, der sich wohl auf seine Sache verstand. Er hat gute Arbeit geleistet, was man besonders an unserem original mallorquinisch-schnörkeligen Treppengeländer erkennen kann. Daß eine der Türen nicht ganz dicht schließt, stört uns überhaupt nicht. Im Gegenteil – da können die nützlichen Geckos bequem herein und wieder heraus.

Allerdings warten wir nun schon seit Jahren auf eine kleine Holztür, die draußen im Garten einen Schuppen verschließen soll.

Das Allerwichtigste beim Hausbau sind die schmiedeeisernen Gitter vor Fenstern und Türen. Immerhin lebt man nun einen Teil des Jahres im Ausland – und Ausländer sind potentielle Strolche, Halsabschneider, Frauenwürger, Diebe und Halunken. In Wirklichkeit wollen wir uns nur vor Eindringlingen schützen, wie es die Mallorquiner ja auch tun.

Besonders begabte Fincabesitzer nutzen die Gelegenheit, sich mit den Gittern so richtig künstlerisch auszuleben. Darüber freut sich vor allem der Schmied; er darf nun zur Abwechslung auch mal Sonnen, Monde, Sternzeichen oder andere wichtige Familiensymbole in seinem Feuer formen.

Es ist schön geworden, unser altes Haus.

Nun gut, die Innenwände sind ein bißchen scheckig, da der Putz zu schnell aufgetragen wurde, während das Mauerwerk noch feucht war. Aber wenn man sich daran gewöhnt hat, fällt es kaum noch auf. Und irgendwie sieht es antik aus.

Eine Ratte kommt selten allein

Die erste Nacht in unserem renovierten alten Landhaus verbrachte ich allein mit meinem jüngeren Sohn, der damals knapp vierzehn Jahre alt war. Mein Mann und mein älterer Sohn sollten eine Woche später nachkommen, und bis dahin wollte ich es schon ein bißchen wohnlich gemacht und noch allerlei Notwendiges besorgt haben. Wir waren voller Vorfreude und Neugier, gleichzeitig aber auch unsicher, wie wir wohl wohnen könnten, in diesen ersten Sommerferien auf der Finca, da wir nicht genau wußten, wieweit der Bau gediehen war. Auch hatten wir in den letzten Wochen nicht mehr telefonisch nachgefragt, zum einen, um über mangelnde Baufortschritte nicht schon im voraus enttäuscht zu sein und zum anderen wollten wir *Juan* nicht mit deutscher Ungeduld drängeln. Wir wußten, daß oben die Schlafräume fertiggestellt waren und hatten uns für Wohnraum und Küche im Erdgeschoß auf Baustelle eingestellt. Aber es war ja Sommer, man könnte draußen kochen und tagsüber zur nahen Bucht zum Baden fahren. Ich hatte etliche Wochen zuvor Betten und ein Kühlgerät gekauft, die kurz vor unserer Ankunft geliefert werden sollten – ein Kühlschrank neben dem Bett hätte durchaus gewisse Vorteile.

Abends im Dunkeln kamen wir an; das Taxi bog in die lange Zufahrt ein, an deren Ende unser neues Heim auf Mallorca lag.

Ein Auto parkte davor, alle Fenster waren hell erleuchtet. Wir entlohnten den Taxifahrer und näherten uns aufgeregt der Haustür.

Als wir eintraten, erhoben sich *Juan* und *Catalina* von einer antiken gepolsterten Sitzbank, die ich Monate vorher gekauft hatte, und wovon *Juan* eigentlich nichts wußte. Er hatte nicht nur überall Glühbirnen eingedreht, damit wir es hell hätten, sondern auch eben dieses Möbelstück aus dem Antiquitätengeschäft kommen lassen. Da der Laden dem Klempner gehört, war es nicht verwunderlich, daß *Juan* davon wußte. Für uns war es jedoch die erste Lektion in Sachen Dorfklatsch.

Mein Kühlschrank stand eingeschaltet in der Küche, gefüllt mit frischem Obst und Getränken, *Catalina* hatte draußen und drinnen einige Blumentöpfe mit Ablegern aus ihrem Garten aufgestellt; die beiden waren sichtlich stolz wie die Spanier. Stolz, daß alles schon fertig war, daß es so schön geworden war und vor allem, daß sie uns damit überraschen konnten.

Sogar der Pool, der erst viel später gebaut werden sollte, war fertig und es lief gerade das Wasser ein. Das überraschte mich ganz besonders und ließ mich im Geiste unseren Kontostand überprüfen.

Nachdem *Juan* und *Catalina* uns mit einem herzlichen *buenas noches* verlassen hatten und wir beide noch einmal bewundernd und glücklich das ganze Haus inspiziert hatten, ging mein Sohn zu Bett.

Ich wollte mich noch eine halbe Stunde unten auf mein Sofa, das einzige Möbelstück im Wohnraum – im *zaguán* – setzen und mich an unser neues Heim und die fremden Geräusche auf dem Land gewöhnen.

Mitten im Haus befindet sich ein nach oben offener Lichtpatio mit einer Glastür zum Wohnraum. Plötzlich hörte ich einen dumpfen Schlag von außen gegen das Glas. Nach einer Schreckminute ging ich nachschauen. Ich weiß nicht, womit ich gerechnet hatte, jedenfalls nicht damit, daß auf der äußeren Türklinke eine Ratte balancierte und mich ihrerseits verwundert mit ihren schwarzen Knopfaugen ansah. Mit Schwanz war sie mindestens 40 cm lang und eine zweite von gleichen Ausmaßen lief auf dem Steinfußboden im Patio herum. Mir sträubten sich sämtliche Nackenhaare, und ein leichtes Frösteln ließ mich trotz der warmen Sommernacht erschauern. Mein erster Gedanke galt den Fenstern und Türen, die auch im oberen Stockwerk zum Patio führen. Ich hoffte, daß sie verschlossen waren. Mein zweiter galt dem Seelenloch im Zimmer meines Sohnes, durch das nicht nur die Seelen frisch Verstorbener hinaus-, sondern auch quicklebendige Ratten bequem hätten hereingelangen können.

Nachdem ich mich davon überzeugt hatte, daß die Tiere dort nicht herein konnten, erholte ich mich allmählich von meinem Schrecken. Die gruseligen Schreie einer Eule auf dem Dach und ein gelegentliches Klappern der Dachpfannen waren später mein Schlaflied.

Ich war dankbar, daß es im Sommer beizeiten hell wird, und so konnte mich selbst der markerschütternde Morgenruf von Nachbars Pfau kaum erschüttern. In aller Herrgottsfrühe stand ich auf, und mein erster Blick galt meinen nächtlichen Besuchern im Patio: Es war nur noch eine Ratte da! Wo war die zweite? Können Ratten die glatte Wand hinauflaufen? Herunterspringen sicher, aber auch hinauf? Hatte ein Nachtvogel sich eine fette Mahlzeit geholt und sich die zweite für die kommende Nacht aufgehoben?

Ich konnte es mir nicht erklären, denn bis zu diesem Zeitpunkt hatte ich keinerlei Erfahrungen mit Ratten.

Als *Juan* später zu uns kam und fragte, wie wir die erste Nacht verbracht hätten, zeigte ich ihm die Ratte, die sich mittlerweile in einer Ecke zum Schlafen gelegt hatte. Er erschlug sie fachmännisch mit einem Besen und versicherte mir, daß nun bestimmt keine Ratten mehr kämen. Bevor sie verreckten, gäben sie in Todesangst hohe, im Ultraschallbereich liegende Töne von sich, um ihre Artgenossen zu warnen. Das beruhigte mich; ich hoffte, daß alle Ratten im weiten Umkreis die Todesschreie ihres Artgenossen gehört hätten.

Die Tiere hatten auf nächtlichen Wanderungen seit langer Zeit eine Abkürzung durch die alte Hausruine genommen und konnten nicht wissen, daß sie plötzlich – von einem Tag zum anderen – vor einer verschlossenen Glastür stehen würden. Wo die zweite Ratte geblieben war, blieb auch *Juan* schleierhaft. Ein paar Tage lang hielt ich den Patio sicherheitshalber gut verschlossen.

Es hat sich dann in den nächsten Tagen tatsächlich keine Ratte mehr blicken lassen, obwohl hinterm Haus ein großer alter Opuntiengarten liegt, der sicher ein richtiges Ratten-Eldorado ist.

Nur einmal lag ein totes Exemplar auf der Türschwelle; die hatte mir der Kater gebracht – zum Dank für das gute Futter, das er bei uns erhielt.

Aber er und die anderen Katzen sollen ihr eigenes Kapitel erhalten. Erzählt hat man uns, daß manchmal ganze Völkerscharen von Ratten über einen Johannisbrotbaum herfallen, um ihn ratzekahl leer zu fressen; das steigerte die Vorfreude auf die Ankunft meines Mannes und meines Ältesten ganz erheblich.

Mediterraner Stil

Da der zivilisierte Mensch im allgemeinen und Finca-besitzer im besonderen außer Betten und einem Kühl-schrank noch ein bißchen mehr Mobiliar benötigen, war eine unserer Hauptbeschäftigungen in den nächs-ten Monaten der Möbelkauf.

Da *Mateo* vom Klempner zum Antiquitätenhändler mutiert war, blieb uns gar nichts anderes übrig, als un-sere noch fehlenden Einrichtungsstücke bei ihm zu er-stehen. Freundschaft verpflichtet.

Das ersparte uns weite Wege über die gesamte Insel, und wir konnten mühelos unseren Hausstand um sechs wunderschöne alte Stühle, die wundersamerweise ge-nau zu unserer antiken Sitzbank paßten, erweitern. Wir gruppierten sie um einen imaginären Tisch.

Diesen nun durchaus notwendigen Gegenstand führte *Mateo* zu diesem Zeitpunkt in seinem gerade erst auf-blühenden neuen Geschäftszweig leider noch nicht. Obwohl wir bereit waren, noch eine Weile zu warten, störte uns mit der Zeit der leere Raum zwischen den Stühlen.

Da traf es sich gut, daß *Juan* gesehen hatte, daß im übernächsten Dorf bei einem alten Schreiner ein schö-ner Tisch zu haben sei. Ob wir mit ihm zusammen nicht dorthin fahren wollten. Wir wollten natürlich gerne und lernten dabei den ältesten Tischler Mallorcas kennen, der ausschließlich manuell arbeitete und keine einzige Maschine besaß. Ein echter Handwerker!

Der Tisch war nicht schlecht, aber viel zu klein. Ent-täuscht blickten wir uns in seiner Werkstatt um – und da entdeckten wir ihn. Das heißt, wir entdeckten das

Untergestell: drei Paar wunderbar mallorquinisch ver-
schnörkelte gußeiserne Füße mit zwei übereinander lie-
genden schweren Eisenstangen dazwischen, welche das
halbfertige hölzerne Obergestell mit einer großen Holz-
tischplatte tragen sollten.

An der Tischplatte arbeitete der *carpintero* gerade und
glättete mit einem alten Hobel das Holz.

Dieser Tisch mußte es sein; er entsprach genau unseren
Vorstellungen!

Nach einigem Hin und Her entschloß sich der alte Mann
zum Verkauf, allerdings zeigte er uns zuerst noch eine

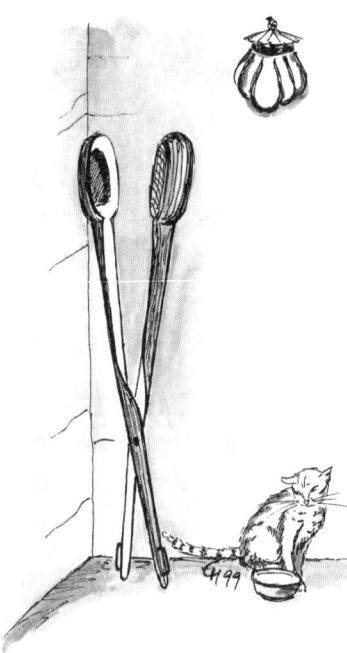

handgefertigte Kollek-
tion (immerhin zwei
an der Zahl) von origi-
nal mallorquinischen
Kaktusfeigen-Pflück-
zangen.

Nun besitzen wir au-
ßer einem schönen
Tisch auch noch eine
schöne Zange, die
meistens dekorativ in
der Ecke steht und je-
den Besucher nach
Sinn und Zweck die-
ses Gerätes fragen
läßt. Immerhin ist es
1,23 m lang und ein
Musterbeispiel für
gutes Design: form-
vollendet und äußerst
zweckmäßig!

Was wir als Fincabesitzer unbedingt haben mußten, war ein alter Backtrog. Den hat schließlich jeder. Die gibt es massenweise auf Mallorca zu kaufen, allerdings sind ihnen allen die Beine gekürzt worden. Das liegt wahrscheinlich daran, daß ihn keiner seiner Neubesitzer mehr zum ursprünglichen Zweck benutzt – der modernen Backmischungen wegen. Mit den gekürzten Beinen eignet sich so ein Backtrog jedoch hervorragend als Couchtisch. Man muß nicht zwingend eine Glasplatte darüber legen, obwohl die meisten Fincabesitzer diese Version bevorzugen.

Bei uns enthält er zu gleichen Teilen Stapel farbenprächtiger Interieurzeitungen sowie die Spirituosensammlung. Allerdings war mal der Holzwurm drin, was ja bekanntlich als Echtheitszeichen für Antiquitäten gilt. Auch auf Mallorca neigen diese Würmer dazu, sich auf wundersame Weise zu vermehren.

Der erfahrene Fincabesitzer schaut deshalb nach längerer Abwesenheit beim Wiederkommen zuerst einmal unter seine Möbel, ob sich da nicht schon wieder kleine verräterische Holzmehlhäufchen befinden. Außerdem merkt er dann auch gleich, ob die Putzfrau mal wieder ein bißchen nachlässig war.

Unter den dekorativen Einrichtungselementen der sperrigeren Kategorie nimmt eines einen besonderen Stellenwert ein: Was früher jeder *campesino* besaß, um in mühseliger Zusammenarbeit mit seinem Esel die Spreu vom Weizen zu trennen, hängt heute bei fast jedem Neuresidenten an der Wand oder steht – mit einer Glasplatte bedeckt und mit vier auf alt getrimmten Holzfüßen versehen – als Tisch vor seiner Sitzgruppe: das *rastrillo*, ein Weizendreschbrett!

Bei diesem Gerät handelt es sich um ein altertümliches, aus dicken Brettern gefertigtes, rechteckiges Holzteil, das an einer seiner Schmalseiten leicht aufgebogen ist und in dessen Ritzen Hunderte kleiner scharfkantiger Steinchen stecken; damit konnte der Bauer einst die Ähren aufschlitzen, wenn er es lange genug mit seinem davorgespannten Esel im Kreis herum darüberzog.

Die Methode und das Brett stammen aus Galizien und wurden auf Mallorca nie benutzt. Trotzdem markieren diese merkwürdigen Ackergeräte seit einiger Zeit den Eingang zu fast allen Antiquitätengeschäften, wo sie neben der Tür die Blicke der Passanten auf sich ziehen.

Bisher haben wir uns noch gesträubt, ein Weizendreschbrett zu erwerben, aber wir hätten noch eine Wand dafür frei – wenn ich bedenke, daß es kaum noch welche gibt, und die Preise dafür von Jahr zu Jahr steigen ...

Bis heute fehlt mir auch noch eine *cantarera*, ein niedriges hölzernes Gestell, in dem zwei bis drei alte Tonkrüge Platz finden, die früher das Zisternenwasser so schön kühl hielten. Man findet sie in jedem Interieurgeschäft, und sie gehören eigentlich zwingend in jedes mallorquinische Heim. Deshalb werden sie schon seit Jahren nachgebaut, antik hergerichtet und mit mehr oder weniger alten Krügen bestückt.

Besondere Freude machte mir auch der Lampenkauf – meinem Mann allerdings weniger. Erstens, weil wir dafür nach Algaida zur Glasbläserei fahren mußten, und zweitens, weil es so lange dauerte.

Aber von *Gordiola*, so heißt die Glasmanufaktur, mußten sie sein, schließlich sollte nur original mallorquinisches Design in unser altes Haus.

Lampenkauf ist mit das Schwierigste, was es gibt!

Gut, daß wir die Stilfrage schon geklärt hatten und es bei Gordiola nur eine einzige Stilrichtung gibt. Aber die Farbenvielfalt! Welche nehmen wir denn nun? Die blauen oder die gelben? Oder vielleicht die grünen? Nein, die machen so blaß. Vielleicht doch lieber die roten oder doch besser nicht, die sehen so nach Puffbeleuchtung (*perdón!*) aus. Ach, laß uns doch lieber erstmal ein bißchen den Glasbläsern zuschauen!

Wenn man ihnen lange genug zuschaut und ihnen vielleicht ein paar Fachfragen stellt, wie zum Beispiel, bei wieviel Grad das Glas im Ofen gebrannt wird und wie lange ihre Mittagspause dauert, kriegt man mit Glück einen klitzekleinen mundgeblasenen Stier geschenkt. Da ich das dreimal gemacht habe, besitze ich schon zwei weiße und einen grünen. Ich könnte auch noch gelbe, blaue und rote Stiere gebrauchen.

Weil wir nun schon einmal dort waren – und weil mein Mann wenig Geduld hat (und damit er nicht zweimal nach Algaida muß) – habe ich mir bei dieser Gelegenheit auch gleich noch eine Kollektion Weingläser ausgesucht. Da hatte ich natürlich wieder die Qual der Wahl aus den vier Grundfarben. Ach, und eine oder zwei Vasen könnte ich auch noch gebrauchen ...

Da meinem Mann dabei endgültig die Geduld ausging, hängt bei uns im Gästezimmer seit Jahren schon und immer noch eine chinesische Papierlampe von der Art, die man flachgedrückt im Koffer mitnehmen kann.

Sofas fehlten ebenfalls noch. Dafür fuhren wir nach Manacor, der Möbelstadt. In einem der Möbelhäuser fanden wir dann auch welche, die uns gefielen. Das heißt, uns gefiel vor allem das *oferta*-Schild daran. Den Bezug fanden wir abgrundtief häßlich, aber wir hatten die Möglichkeit, einen anderen zu wählen.

Da ein echter Fincabesitzer selbstredend nur den inseltypischen *tela de lenguas* als einzig möglichen Bezugsstoff akzeptiert, wurde mein Mann wiederum auf eine harte Geduldsprobe gestellt. Schließlich kann ich aus hundert verschiedenen Mustern nicht in einer halben Stunde das für uns passende aussuchen. Dieser Stoff besteht, wenn er gut ist, aus reinem Leinen und schwerer Baumwolle und hält praktisch ewig. Leider waren die Sofas damit keine *oferta* mehr.

Wegen ihrer schön auffälligen Musterung sind die Ikat-Stoffe völlig unempfindlich gegen den rotbraunen Inselstaub, der sich auf alles legt, sowie gegen Sonnenöl. Das war es uns wert.

Wie praktisch und unverwüstlich dieses Gewebe ist, das wirklich überhaupt nichts übelnimmt, beweist auch seine Verwendung als Dudelsack, wo es bei jeder der zahlreichen folkloristischen Festivitäten zum Einsatz kommt.

Aus den Resten meiner Ikat-Stoffe habe ich hübsche Schlangen gebastelt. Da kommt das Zickzackmuster besonders gut zur Geltung. Mit Sand gefüllt verhindern sie, daß es unter den Türen hindurchzieht.

Am meisten Spaß machte mir das Ausschmücken unseres Hauses mit allerlei Krimskrams, Bildern und dergleichen. Die Hauptsache dabei ist, daß es entweder mediterran aussieht oder zumindest älter als 50 Jahre ist. Da wird man auf Mallorca auch schnell fündig. Einiges haben wir direkt vor unserer Haustür gefunden:

die Hälfte einer alten Türklinke, zwei rostige Sicheln, ein paar große, verrostete Radschrauben und Eisenringe sowie zwei Hufeisen. Eine alte, rostige Harke mit verbogenen Zinken lag eines Tages neben der Mülltonne ; die konnte der Bauer von nebenan wohl nicht mehr gebrauchen. Ich schon, denn sie hängt, zusammen mit den anderen Fundstücken, äußerst dekorativ an der Wand im *porche*. Und eine schwarz verbrannte, durchlöcherte Paellapfanne ziert jetzt einen der Stützpfeiler. Die brachte uns ein lieber Freund auf dem Rückweg vom Müllwegbringen mit – allerdings genierte er sich zuerst ein bißchen, sie mir anzubieten. Aber mein strahlendes Lächeln hat seine Bedenken schnell zerstreut.

Mit jedem Schrott, den die Mallorquiner nicht mehr brauchen, dekorieren wir nun unser Heim. Meistens muß man ihn leider in Antiquitätengeschäften teuer bezahlen.

Aber nicht nur wir gönnen dem großen Müllkontainer an der Straße einen längeren Blick.

Eines Morgens, als mein Mann vom Brotholen zurückkam, sah er einen kleinen, schmächtigen alten Mann, auf Zehenspitzen stehend, der sich tief über den Rand unserer Mülltonne beugte. Beim Näherkommen verschwand er schnell in der dichten Hecke. Wir dachten, daß er vielleicht nach weggeworfenen Essensresten suchte und Hunger hatte. Ich packte schnell eine Tüte mit Brot und Obst und einer ganzen *sobrasada* ein und eilte zur Mülltonne – unser Frühstück hätte uns nicht geschmeckt, wenn derweil draußen einer unseren Abfall nach Eßbarem durchsuchen würde. Aber der kleine Mann war schon verschwunden.

Zu unserer Erleichterung erfuhren wir ein paar Tage

später, daß er am Ortseingang ein Haus besitzt und noch ein zweites zum Vermieten etwas weiter weg. Wahrscheinlich war er der Zulieferer für den Antiquitätenhändler.

Die großen Müllcontainer an der Straße sind immer für mehrere Nachbarn im Umkreis bestimmt sowie für alle, die unterwegs an der Landstraße etwas wegwerfen wollen.

Und so habe ich auch schon gute Literatur, wie "Vom Winde verweht", zwei Werke von Heinrich Böll und drei von Johannes Mario Simmel in unserer Tonne gefunden. Das zeugt vom hohen Niveau unserer ehemaligen Nachbarn. Die Bücher rochen ein bißchen muffig, aber nun stehen sie bei uns im Regal.

Und einmal fand ich einen leicht ramponierten Terracotta-Blumenkübel. Seinen abgebröckelten Rand bedecken nun gnädig die Blätter meiner Duftpelargonien.

Mallorca-Manie

Kaum hat man seine Liebe zu Mallorca entdeckt, bricht eine ganz besondere Krankheit aus. Sie ist ansteckend, breitet sich epidemisch aus, nimmt manische Form an, und man wird sie nicht wieder los. Sie ist sozusagen chronisch: Morbus MaBuKaZ, die Krankheit vom Mallorca-Buch-Kauf-Zwang.

Ich wußte früher gar nicht, wieviele Artikel in Heften und Büchern es über Mallorca gibt. In jeder, wirklich jeder Illustrierten, gleich welchen Niveaus, schreibt jemand über die Insel; bestückt mit großformatigen Aufnahmen der schönsten Ecken: "Zur Mandelblüte nach Mallorca" – "Sonne, Sex und Suff" – "Wo das Inselherz noch höher schlägt" – "Insel des Lichts" – "Ferien auf der Finca" – "Landsitze für das zweite Ich". Es ist unglaublich!

Unser Blick wird auf einmal magisch von ihnen angezogen. Überall entdecken wir sie, die Fotoreisebücher und Bildbände, die Restaurant- und Wanderführer, und Kochbücher laden uns dazu ein, die Spezialitäten der Insel nachzukochen. Dazu gibt es Kalender jeden Formats, die uns durch zwölf Monate Mallorca begleiten.

Häufiger als früher betreten wir nun Buchhandlungen und mit speziellem suchenden Blick zieht es uns zur Reise-Ecke. Jeder Zeitungsstand wird im Vorbeieilen mit geübtem Blick überflogen, daß uns nur ja nicht das neueste, brandaktuelle Magazin entgehe.

Und wir kaufen sie alle! Meist noch im Geschäft zwingt uns etwas, die entsprechenden Seiten aufzuschlagen, die vertrauten Bilder zu sichten und uns an ihnen zu laben. Spätestens aber zu Hause stürzen wir uns auf die Bücher und Zeitungsartikel, verschlingen

ihren Inhalt, um dann erleichtert festzustellen: gottlob, wieder kein Bericht von unserer Gegend und keine Fotos von unserem Lieblingsstrand. Die immer gleichen malerischen Winkel, die längst bekannten Aufnahmen der Luxusvilla irgendeines Prominenten und eine Restaurantempfehlung, die an unseren Geheimtip bei weitem nicht heranreicht.

Nicht, daß wir nicht schon viel Informatives und Nützliches durch die Lektüre erfahren hätten. Den einen oder anderen Ausflug hätten wir ohne diese Vielzahl der "Tips" gar nicht unternommen. Nur nach Valldemosa brauchen wir nicht zu fahren. Das kennen wir in- und auswendig, so viel haben wir davon schon gelesen!

Und so besitzen wir nun bereits eine hübsche kleine Bibliothek nur über Mallorca. Und bestimmt finde ich kurz vor Weihnachten noch ein neues Exemplar. Allerdings, als Geschenk für mallorca-begeisterte Freunde ist das neueste Buch, gerade eben erst erschienen, völlig untauglich.

Verlegen lächelnd werden sie den Kopf schütteln: "Es ist ja lieb gemeint und wirklich eine gute Idee, aber – wir haben es schon ..." Wie konnten wir es vergessen, das Virus hat natürlich auch sie befallen. Übrigens, ein gewisses Magazin, das wöchentlich auf Mallorca erscheint, haben wir längst abonniert, und es wird uns selbstverständlich nach Deutschland geschickt.

Damit wir nur ja keinen Artikel verpassen.

Vom Gepäck

Durch alle möglichen Zeichen, Aufnäher, Aufkleber, Stickereien und sonstige Attribute auf Kleidung, Taschen und sogar Autos gibt man heutzutage zu erkennen, wes Geistes Kind man ist, welchen Sport man betreibt oder welches Hobby man hat.

Nein, falsch geraten, ein großes "M" tragen sie nicht auf ihrem Hemd. Diejenigen, die stolze Besitzer eines Eigenheims auf Mallorca sind, erkennt man an ihrem Gepäck. Wenn sie nämlich mit Golfsack und Pack am Flughafen in der Schlange vorm Eincheckschalter stehen, haben sie das natürliche Bedürfnis, sich vom gemeinen Nur-Sonne-und-Strand-Touristen und von den ebenso gemeinen Fünf-Sterne-Hotel-Touristen abzusetzen. Zunächst tun sie das ganz subtil durch besonders lässige Kleidung.

Unauffällig und praktisch, eigentlich so normal wie immer – man fliegt schließlich zu sich selbst nach Hause – und das soll jeder sehen. Man trägt weder den leichten Sommeranzug noch ein hübsches Kostüm, nichts, was auch nur irgendwie danach aussieht, daß man nach der Ankunft den Begrüßungsdrink in einer Hotelhalle einnehmen würde. Auf gar keinen Fall steht man in kurzen Hosen und im Hawaiihemd in der Schlange, mag es auch den Temperaturen des Urlaubsziels noch so angepaßt sein. Wie gesagt, man macht ja nicht nur Urlaub. Man fliegt zu seinem Zweit-Domizil, das bei manchen schon zum Haupt-Domizil geworden ist.

Es läßt sich gut unterscheiden zwischen denen, die noch in der Anfangs- und Bauphase sind, und jenen, die schon viele Jahre auf "ihre" Insel fliegen. Die ersteren haben Unmengen an Gepäck. Beim Bodenpersonal der

Fluggesellschaft wird um jedes Kilo Übergepäck gefeilscht, obwohl die wirklich schweren Sachen sowieso schon im Handgepäck verstaut sind. Dafür ist es praktisch, wenn man mehrere Kinder oder anderweitige Begleitung hat. Die kann man damit abseits auf den Stühlen warten lassen. Zum einen verstopfen sie nicht die Warteschlange und zum anderen kann man auf die Frage nach Handgepäck, nett lächelnd sein kleines Täschchen zeigen.

Man hat ja auch nicht nur seine Sommergarderobe und das Sonnenöl im Koffer. Nein, man schleppt den halben Hausstand mit. Vor allem Dinge, die man zu Hause im Lauf der Jahre doppelt und dreifach besitzt: Kissen und Decken und vor allem Handtücher, auch mit Küchenhandtüchern und Topflappen könnte man handeln. Das Besteck hat man gerade günstig bei einer bekannten Kaffeerösterei erstanden, und die Kaffeemaschine war im Großhandel auch sehr preiswert. Beim nächsten Mal sind es dann das Fernsehgerät und der CD-Player, obwohl diese zum gleichen Preis auch auf Mallorca gekauft werden könnten – aber man weiß ja nie.

Bilder und Bettvorleger und Gardinen und Gartengestühl. Alles, was halbwegs mediterran aussieht und zum Ambiente paßt, trägt man von nun an bei jedem Flug mit sich. Es soll Leute geben, die sogar sämtliche Armaturen für Küche, Bad und Bidet während ihrer Bauphase nach Mallorca geschleppt haben! Und besonders reinlichkeitsbewußte Fincabesitzer haben jedesmal ein Arsenal an Putzmitteln dabei – wahrscheinlich um Verwechslungen von Kaffeemaschinenentkalkern mit Kloputzmitteln vorzubeugen, die auf Mallorca einträchtig im selben Regal nebeneinander stehen.

Mit schöner Regelmäßigkeit müssen auch wir des öfteren einen unserer Koffer bei der Sicherheitskontrolle des Bundesgrenzschutzes öffnen, da ich mal wieder eine Keksdose in der rechten und acht Messinguntersetzer in der linken Ecke unter der Unterwäsche vergraben habe, und die wegen ihrer kompakten runden Metallformen zwei Sprengbomben nicht unähnlich sehen. Daß dabei alle Umstehenden sich über die drei Pakete Vollkornbrot und eine Holsteiner Mettwurst wundern, ist mir kaum noch peinlich. Und die enttäuschten Mienen der Sicherheitsbeamten entschädigen mich für die Mühe des Umverteilens meines Kofferinhalts, damit ich noch rechtzeitig vorm Abflug den Deckel wieder zubekomme.

Diejenigen, die das alles schon hinter sich und inzwischen ihren Haushalt komplett haben, erkennt man dann nur noch am coolen Vielfliegerblick, der saloppen

Garderobe – und an der Hundekiste! In der kleinen Version als Handgepäck und in der großen als Frachtstückgut. Bis zum Schalter schieben sie sie vor sich her, gut sichtbar für alle, begleitet von ihrem Hund, an kurzer Leine und mit mißmutigem Blick. Und, falls das Tier schon älter ist, legt es sich bei jedem Stopp der Warteschlange jedes Mal noch auf den Boden. Man ist ja noch glücklich dran, wenn die Mitreisenden nur ihr Mitleid für die arme Kreatur ausdrücken, die in die enge Kiste soll. Und außerdem ist es doch sicher bitter kalt im Frachtraum des Flugzeugs! (Hat jemand schon jemals einen eiskalten Koffer vom Band geholt?)

Selbstverständlich gibt es auch Leute mit Katzenkörben, obwohl es damit so ähnlich wie mit den Eulen ist, die überflüssigerweise nach Athen getragen werden. Viele haben jedoch ihr Kätzchen von der Insel mitgebracht, es beim Tierarzt untersuchen, impfen und sterilisieren lassen, und nun muß es eben auch jedesmal mit auf die Reise.

Da die Tiere bei der Flugbuchung immer anzumelden sind und bei Tierüberkapazität nicht mitgenommen werden können, hat man mir schon erzählt, daß manch einer seine Katze, falls sie sich dazu eignet, im Handgepäck schmuggelt – was verständlich ist, da neuerdings ein nicht unerhebliches Sümmchen "für die Katz`" zu entrichten ist!

Und kurz vor Weihnachten haben die Eigenheimbesitzer dann noch zusätzlich eine heimische Tanne, handlich im Netz verpackt, quer auf dem Gepäckwagen. Aber dies konnte man wohl die längste Zeit beobachten, da es nun auf Mallorca bald Tannenbäume aus Ostfriesland geben soll.

Das Einweihungsfest

Selbstverständlich möchte ein richtiger Fincaeigner eines Tages sein Haus gebührend einweihen und sich bei allen, die daran so fleißig gearbeitet haben, bedanken.

Da kommt natürlich nur ein zünftiges mallorquinisches Fest in Frage.

Nachdem alle Einladungen verteilt waren und so einigermaßen feststand, wer kommen würde (das weiß man bei Mallorquinern nie so genau, weil sie sich ungern frühzeitig auf etwas festlegen), wurde der Organisationsplan aufgestellt.

Das fing damit an, daß so zwei bis drei Wochen vorher unsere Familie samt Ferienfreund unseres Jüngsten jeden Tag Joghurts essen mußte. Nein, nicht um sich vor dem Fest noch ein paar Pfunde herunterzuhungern – wir brauchten die Gläschen. Die sollten nämlich, mit Teelichtern bestückt, die Mauern rings um das Haus herum schmücken. Mein Mann bastelte lange Kabelschnüre mit Glühbirnen in regelmäßigen Abständen, die den Garten ausleuchten sollten, worüber sich die Elektrohandlung im Ort am allermeisten freute.

Rafael, unser Tischler, bedankte sich für die Einladung und verkündete, er würde ein ganzes Spanferkel mitbringen – gebraten natürlich – das sei seine Spezialität. Und *Juan* ließ es sich nicht nehmen, eigenhändig für zwei große Schüsseln *trampó* zu sorgen und *Catalina*, seine Frau, wollte für uns beim Bäcker mehrere Bleche *coca* sowie drei riesige *ensaimadas* bestellen, wovon die eine gleichzeitig mit süßen Aprikosen und würziger *sobrasada* belegt war.

Zum Schlachter ging ich selbst, um Unmengen von *lomos, chuletas de cordero* und *salchichas* zu ordern.

Das Wichtigste waren natürlich die eingelegten Oliven, *Aioli* und geröstete Salzmandeln, ohne die ein mallorquinisches Fest überhaupt nicht steigen kann.

Die Vorbereitungen klappten vorzüglich. Von *Juan* konnten wir noch sieben Tische und die dazugehörigen Stühle ausleihen, und *Catalina* half mit einem Stapel grüner Tischtücher aus dem Restaurant. Was uns noch fehlte, war ein großer Kühlschrank für die Getränke. Den schickte uns *Juan* mit dem letzten Transport. Das alte, riesige Gerät war dann zwar keine Augenweide im *porche,* aber es bewahrte uns und unsere Gäste vor lauwarmen Getränken.

So, nun war alles gerichtet und vorbereitet.

Die Illumination funktionierte, die Windlichter auf der Mauer brannten, und die Papiergirlanden waren auch nur dreimal beim Aufhängen gerissen. Allein die Tischdecken wehten samt Blumendekoration immer wieder durch den Garten.

Der Wind, der sonst am Abend zuverlässig einschläft, spielte nicht mit. Es blies, nein es stürmte; und so blieb uns nichts anderes übrig, als alles, was wir an rostigem Eisen bisher in unserem Garten gefunden hatten, an Schnüre zu knoten und an die Zipfel der Tischtücher zu binden. Das raubte kostbare Zeit, aber wir schafften es rechtzeitig : die Gäste konnten kommen!

Nur schade, daß die Lichter der bunten Lampions, die sich im Pool spiegeln sollten, nicht brannten.

Emilio, der Alleinunterhalter, hatte bereits sein Keyboard und die großen Lautsprecherboxen angeschlossen (wobei dreimal alle Lichter ausgingen und der Kühlschrank seinen Dienst einstellte) und prüfte gerade das Mikrofon, als ein Kleinbus vor dem Haus hielt, der eine ganze Horde junger Leute ausspuckte, die sich schnell noch irgendwo umziehen wollten.

Das war die Tanzgruppe von *Rafaels* Frau, die uns als Geschenk original mallorquinische Volkstänze vorführen wollten. In ihrer alten ländlichen Tracht waren sie dann kaum wiederzuerkennen. Ebensowenig wie die Gäste, die dann einer nach dem anderen herausgeputzt eintrudelten. Der Elektriker, der Tischler, die Fliesenleger, die Maurer und Steinmetze, der Klempner, – alle hatten sich feingemacht und ihre Frauen mitgebracht, und ein paar Kinder waren auch noch dabei. *Juan* und *Catalina* waren natürlich auch gekommen,- nur unser *Jaime* fehlte; der durfte wegen eines schon länger zurückliegenden Todesfalls in der Familie leider nicht am Fest teilnehmen – das hatte ihm seine Frau verboten. Um seinem Dank für die Einladung Ausdruck zu verleihen, brachte er mir am nächsten Tag einen schönen, runden Kaktus mit langen spitzen Stacheln. Ein paar deutsche Freunde und Bekannte waren selbstverständlich auch dabei. Die waren aber deutlich in der Minderzahl.

Für sie und uns durfte ich später dann vor jeder Tanzdarbietung einen Text über die Bedeutung der mallorquinischen Tänze über das Mikrofon vorlesen, damit wir Deutschen auch verstünden, was da getanzt wurde.

Ja, die Tänze. Das war vielleicht ein Wirbel von Drehungen und Sprüngen. Da wehten die weiten Röcke – wobei man die spitzenbesetzten Unterröcke hervorblitzen sah – um die Wette mit den weißen Spitzenkopftüchern, die um den Kopf herum und bis auf den halben Rücken fielen. Verzweifelt versuchte der einzige männliche Tänzer allen Damen um sich herum gerecht zu werden, was ihm bei weitem nicht immer gelang, so daß sich die Mädchen untereinander zu Paaren finden mußten. Da nützte es nicht viel, daß ich mit *Eugenio*, dem Baumeister, einen Reigen in der Volkstanzgruppe mithüpfte, wobei er eindeutig im Vorteil war. Deshalb machte ich mir schnell das mallorquinische Prinzip der Frauen zu eigen: sie führen, wie im Alltagsleben, auch beim Tanz!

Ja, und dann wurde gegessen und getrunken, und mein Ältester neben dem Kühlschrank gab sich alle Mühe, den Getränkewünschen nachzukommen. Es wurde gelacht und getanzt – das heißt, es wäre schön gewesen,

wenn einer getanzt hätte. Daß die Mallorquiner nämlich lieber zuschauen und sich unterhalten lassen, das
wußten wir damals noch nicht. Und so drehten mein
Mann und ich verzweifelt einsame Runden zu *Emilios*
Musik und schafften es nur ein einziges Mal, *Juan* und
Catalina zum Mittanzen zu animieren. Auch die deutsche Minderheit ließ sich nicht auf die Tanzfläche
locken. *Emilio* machte es aber nichts aus, glaube ich.

"*Muy mallorquín*", sagte *Mateo* beim Abschied – und
meinte es wohl als Kompliment.

Doch, es war sehr schön gewesen, unser Fest. Das
Allerschönste aber war, daß wir ein Vierteljahr später
bei guten Bekannten genau das gleiche Fest noch einmal erleben durften: Sie hatten dieselben Handwerker!

Von Katzen

Ich weiß nicht, ob es mehr Katzen als Einwohner auf Mallorca gibt.

Auf unsere vierköpfige Familie jedenfalls kommen, je nach Jahreszeit zwei bis neun.

Wehret den Anfängen!

Wem das möglich ist, dem bleibt einiges erspart.

Uns ist nichts erspart geblieben, aber wir konnten auch dem bittenden Paar Katzenaugen, das uns an unserem zweiten Tag auf der Finca während des Frühstücks stumm anschaute, nicht widerstehen.

Die Augen gehörten zu einem kräftigen, grauschwarz getigerten Kater, der von Stund an Tag und Nacht bei uns blieb. Außer einem Schälchen Milch konnten wir ihm zunächst nur ein Stück von *Juans* selbstgemachter *sobrasada*, die er uns am Morgen gebracht hatte, anbieten und zum Nachtisch ein Stück Käse. Er verschmähte nichts davon, trotzdem beeilten wir uns dann, zum Einkaufen in den Ort zu fahren, um beim Tierfutterhändler einen ganzen Sack Katzentrockenfutter zu erstehen. Als hätten wir es geahnt, erschien am folgenden Tag ein kleines zierliches, ebenfalls graugetigertes Katzenvieh, mager bis auf die Rippen, maunzte mit dünnem Stimmchen und hypnotisierte uns mit den größten und schönsten grünen Katzenaugen, die ich je gesehen habe.

Da es unübersehbar "schwanger" war, nannten wir es die "Mutterkatze". Tags darauf kam sie in Begleitung zweier gelbweiß gezeichneter, nahezu identischer Katzentiere, die ihr zwar überhaupt nicht ähnlich und die auch größer als sie waren, die aber, wie wir noch erfahren sollten, ihre beiden Töchter vom vorletzten Jahr waren.

Alle hatten sie den gleichen Hunger, und sobald sie eine Tür klappen hörten, flitzten sie aus verschiedenen Richtungen herbei. Nun waren es schon vier. Mehr sollten es auch in diesem Sommer nicht werden.

Öffneten wir morgens früh die Fenster, sahen wir sie schon versammelt vor der Haustür sitzen, und wir beeilten uns, ihnen ihr Frühstück zu servieren. Wie wir unschwer an den zurückgebliebenen Katzenhaaren erkennen konnten, hatten sie es sich in der Nacht auf den Polstern unserer Terrassenstühle bequem gemacht – der Kater bevorzugte als Schlafplatz die breite Mauernische zum Küchenfenster, wo er mich beim ersten Mal fast zu Tode erschreckt hatte. Sah ich doch beim Hinunterkommen aus dem Augenwinkel nur einen großen dunklen Schatten vorm Fenster.

Hier schlief er von nun an auch tagsüber, während sich alle anderen weitab vom Haus einen Schattenplatz suchten. Ob die Katzen in den Nächten noch genügend Energie und Hunger hatten, um auf Rattenfang zu gehen, wage ich zu bezweifeln, zumal mir der Kater eines schönen Tages zur Mittagszeit eine große, fette Ratte auf die Türschwelle legte. So gut es ging, zeigte ich ihm meine Dankbarkeit, holte dann aber eine Schaufel und schmiß die Ratte weit weg aufs Feld. Flugs setzte er hinterher und brachte sie mir ein zweites Mal, nachdrücklich seine Freundschaft und Dankbarkeit bezeigend. Ich wollte die Ratte auch diesmal nicht und entsorgte sie auf die gleiche Weise, womit ich den Kater aber wohl tief gekränkt haben muß, denn er brachte mir nie wieder eine.

Im darauffolgenden Herbst waren es dann schon sieben Katzen.

Drei kleine Katzenkinder hatten sich dazugesellt, die zwar scheu vor uns wegliefen, aber sofort zu den Futternäpfen kamen, wenn wir uns zurückzogen.

Was hätten wir tun sollen? Ja, ich weiß, aber wir taten es nicht.

Wir kauften Katzenfutter, ließen sie die Knochen vom Grillabend abknausern, legten ihnen die Fischköpfe auf die Mauer und warteten ab. Wenn es regnete, bekamen sie ihr Futter unter dem Dach der Terrasse.

Einmal wollte mein Mann sich eine kleine Dose Thunfisch zum Frühstück gönnen. Im letzten Moment konnten wir ihn davon abhalten, den Inhalt auf seinem Brot zu verteilen: er hatte eine Dose Katzenfutter geöffnet! Von da an habe ich unsere Lebensmittelvorräte sicherheitshalber streng getrennt vom Katzenfutter aufbewahrt.

Im Jahr darauf brachten wir unseren Hund mit, einen schon etwas betagten Airedale-Terrier, der beim Anblick der Katzen außer sich vor Freude geriet, von Tag zu Tag jünger wurde und die Katzen begeistert in die Flucht schlug. Sehr weit flohen sie jedoch nie, hatten sie doch vermeintlich ältere Rechte, und einem dummen Hund waren sie ohnehin überlegen.

Ein Lehrstück ganz besonderer Art in punkto Überlegenheit sollten wir am folgenden Tag erhalten. Vom Gegacker angelockt, entdeckten wir fünf Hühner, die sich an den Resten des Hundefutters gütlich taten. Sie hatten sich vom benachbarten Bauern bis vor unsere Haustür verirrt. Im Prinzip hatten weder der Hund noch ich etwas dagegen – als sie dann aber auf die Mauer flogen und gackernd und mit den Schnäbeln hackend die dort friedlich fressenden Katzen verjagten, um sich nun

auch noch deren Futter zu holen, wollten wir unseren Augen nicht trauen. Von da an war die Hierarchie klar: Erst kamen die Hühner, dann die Katzen und zuletzt unser Hund.

Seitdem ist unser Hund nicht nur auf Katzenfutter scharf, sondern klaubt auch das letzte Korn vom Hühnerfutter auf. Die Katzen und Hühner machen da auch keine Unterschiede – jeder versucht, dem anderen alles wegzufressen, egal was!

Ein paar Tage später erfuhren wir von *Juan*, daß unser Nachbar, der Bauer, als er das Verschwinden seines Federviehs bemerkte, der Überzeugung war, daß die Deutschen Hühner stehlen würden. Erst als er von *Juan* hörte, daß wir sie nur füttern, war er beruhigt.

Nein, die Anzahl "unserer" Katzen wuchs nicht ins Unermeßliche. Wir sahen zwar viele neue Generationen kommen und gehen – mindestens eine der Katzen war immer trächtig, aber die Jungtiere suchen sich wohl neue Reviere oder fallen der Straße zum Opfer.

Auch unserem Kater muß ein ähnliches Schicksal widerfahren sein. Eines Tages war er nicht mehr da. Er fehlte uns; lag er doch oft hinter unserem Rücken auf der warmen Steinbank oder, mit besonderer Vorliebe, auf einem Paar ausgezogener Schuhe, egal wem sie gehörten.

Auch eine der beiden Zwillingstöchter gibt es nicht mehr. Die andere kam eines Tages schwer verletzt zu uns. Sie hatte bei einem Kampf ein Auge eingebüßt und wir dachten zunächst, daß sie den Verlust nicht lange überleben würde. Aber sie taucht immer wieder auf, ist nach wie vor eine gute Jägerin und eine ebenso gute Katzenmutter. Wir nennen sie seither die "Einäugige".

Sie und die "Mutterkatze" gehören zu unserem Haus. Kaum schließen wir unsere Haustür auf, kommen sie um die Ecke, streichen uns um die Beine und freuen sich auf ein paar Wochen Fettlebe. Wir füttern sie, damit sie für die Zeit unserer Abwesenheit gerüstet sind, die vielen Ratten hinterm Haus zu fangen.

Inzwischen gibt es zwei neue Kater bei uns im Revier: der eine kommt fast nur in der Dunkelheit der Nacht an den Futterplatz, selten am Tage. Wegen seiner großen Scheu vor uns Menschen nennen wir ihn "den Feigling". Er ist groß, kräftig und gelb und scheint sowohl von der "Mutterkatze" als auch von der "Einäugigen" als Familienvater akzeptiert zu werden. Sein Rivale ist vom Kopf bis zur Schwanzspitze pechschwarz, sehr frech und überhaupt nicht scheu. Einmal bot er uns ein interessantes Schauspiel am hellichten Vormittag zur Frühstückszeit, wobei er sich recht unanständig aufführte und unsere "Einäugige" vernaschte. Da wir gerade foto- und filmbegeisterte Freunde zu Besuch hatten, wurde die unerwartete Matinée für alle Ewigkeit im Dia und auf Video festgehalten.

Das Ergebnis dieser Katzenhochzeit sollte ein paar Wochen später für meine Mutter zum schönsten Ferienerlebnis werden: mit aufforderndem und nachdrücklichem "mi, mi, mi, mi" gelang es ihr, die hochschwangere "Einäugige" zur Niederkunft in einen mit einer weichen Decke ausgelegten Korb zu locken, den wir in eine windgeschützte Mauernische der Terrasse gestellt hatten. Dort gebar die "Einäugige" im Verlauf des Vormittags fünf kleine Katzenbabys, zwei gelbe, zwei gestreifte und ein schwarzes, was uns ganz nebenbei Hinweise auf verschiedene Väter zu liefern schien. Leider rührte sich das kleine Schwarze nach ein paar Stunden nicht mehr, und ich habe es dann feierlich unter dem Granatapfelbaum begraben.

Von Stund` an verbrachte meine Mutter, die es sonst bei jeder sich bietenden Gelegenheit zum Schwimmen ans Meer zieht, die Tage zufrieden auf unserer Terrasse und ließ sich nur noch zu einem Kurzausflug zum nächsten Schweinekorral bewegen. Obwohl dort zwei Muttersäue zusammen um die zwanzig Marzipanferkelchen hatten, hielt sie es nicht allzulange bei den Schweinen aus und verteilte nur gerecht und rasch unser altes Brot, um möglichst bald wieder beglückt die Katzenkinderstube betrachten zu können. Glücklicherweise passierte das alles an einem "Muttertag" und enthob mich somit jeglicher weiteren Überlegung, wie ich meine Mutter angemessen ehren könnte.

Allmählich überkommen uns aber doch Zweifel, ob wir es mit Mallorcas Katzen im allgemeinen und speziell mit den "unsrigen" nicht zu gut meinen.

Produzieren wir durch unser Füttern nicht indirekt zuviel Nachwuchs, der hinterher nicht überleben kann?

Aber nein, wer Katzen hat, der hat keine Ratten, sagt der Futtermittelhändler, der uns anscheinend lieber teures Katzenfutter als Rattengift verkauft.

Aber warum haben wir dann immer noch so viele Ratten auf unserer Finca?

Von Ratten

Schon seit einer geraumen Weile hören wir es.

Kaum sind wir im Bett und gerade am Einschlummern – da schrecken wir schon wieder aus dem ersten Schlaf.

Es rabastelt und rumort über unseren Köpfen im Dach.

"Klong" macht es an der Fernsehantenne. Kräftige Zähne nagen laut am Gebälk.

Eiliges Getrippel von vielen kleinen Füßen über die Dachpfannen: Mönch und Nonne klappern leise und unwillig. Im Zwischenraum der abgehängten Decke und der Dachschräge, im sogenannten *techo falso*, dem falschen Dach, spielt eine ganze Mannschaft Fußball – wie es scheint, mit den großen reifen Eicheln der alten Steineiche neben unserem Haus: Ratten! Kein Zweifel.

Oder doch? Jemand beruhigte uns zunächst mit der Erklärung, es handele sich um kleine eichhornähnliche, possierliche Tierchen, die unter Naturschutz stünden.

Das haben wir auch eine Zeit lang geglaubt – bis wir sie dann laufen sahen: Abends in der Dämmerung, mit dem letzten Licht des Tages, bezogen wir nun regelmäßig Posten, um dann mit leisem Schaudern und gleichzeitig großer Befriedigung so an die fünfzehn, zwanzig fette Ratten zu zählen, die von hinten übers Dach an der Regenrinne herunterhuschten, den Wandsims entlang, übers Dach des *porche*, und schwups – hinein in die Bougainvillea!

Nun war es soweit: Rattengift mußte her!

In hübsche kleine Keramiktöpfchen gefüllt, deponierten wir das todbringende blaue Zeug nun an strategisch uns wichtig erscheinenden Punkten. Tod den Ratten!

Zufrieden gingen wir zu Bett.

Tags darauf – am hellichten Tag – während wir auf der Terrasse saßen, spazierte doch vor unseren Augen eine Ratte frech über den dicken Querbalken, der das Terrassendach trägt, langsam und ohne Scheu wie zum Spott! Unglaublich!

Als dann auch noch am Abend, als wir ins Schlafzimmer gingen, eine Ratte aus der Tiefe meines Kleiderschranks hervorhuschte und – wohl erschreckt von meinem spitzen Schrei – durch die offene Balkontür nach draußen flüchtete, Gott sei`s gedankt, – da war`s mit unserer Ruhe endgültig vorbei. Unsere ländliche Idylle mit Ratten zu teilen, das kam nicht in Frage!

Eugenio, der Baumeister, rückte mit seinen Gehilfen an, um von oben ins falsche Dach zu gelangen. Er kam umgehend, ließ dafür andere Arbeit ruhen, was uns die Dringlichkeit der Angelegenheit noch bestätigte.

Und er wurde fündig! Rattennester und einige Rattenkadaver, die penetrant vor sich hin stanken und damit den merkwürdigen Geruch in unserem Badezimmer ausreichend erklärten.

Drei Pfund Rattengift wurden nun ins Dach geschüttet, bevor *Eugenio* mit viel Zement sämtliche Schlupflöcher sorgfältig verstopfte. Nun war Ruhe. Nichts mehr zu hören des Nachts, außer dem leisen Gebimmel der Schafsglocken auf dem Feld nebenan, die uns sanft in den Schlaf läuteten.

Es war im darauffolgenden Frühjahr:

Gehört hatte ich nichts, aber etwas ließ mich das Licht im Patio anschalten: und da saß sie – in einem der

Schnörkel unserer neuen schmiedeeisernen Tür, vor besagter Glastür und schaute mich an; mit intelligentem Blick aus ihren schwarzen Knopfaugen. Sie hatte einen weißen Bauch und war eigentlich recht hübsch.

Ein irgendwie vertrautes Bild. Erschrocken hatte ich mich kaum.

Vielleicht würde sie die ekligen, schwarzen *ciempiés*, die Hundertfüßler, fressen, die langsam an der Wand herumkrochen und immer wieder zu uns ins Haus gelangen. Derentwegen achte ich darauf, daß die Zipfel der Bettüberdecken nicht bis auf den Fußboden hängen, um sie nicht abends unter der Decke finden zu müssen.

Heute nacht wollte ich ihr noch eine Chance geben. Sie hat sie genutzt; am nächsten Morgen war sie verschwunden, wie ich mich vorsichtig vergewisserte. Trotzdem stellte ich dann ein Schälchen mit appetitlich himmelblauem Rattengift hin – falls es ihr einfallen würde wiederzukommen.

Ein andermal roch es in der Garage, die etwas abseits vom Haus steht, nach Ratten. Ja, wirklich, wir können sie inzwischen riechen! Wir fanden auch Rattenexkremente in unserem Angelbötchen. Daraufhin erhielt mein Mann den Auftrag, an sämtliche Kisten und Kästen zu klopfen, die bis oben hin vollgestopft waren mit allem, was so ein Fincabesitzer im Laufe der Zeit dringend braucht, und die ein ideales Versteck für Ratten gewesen wären. Aber nichts rührte sich, keine Ratte muckste sich; es war wohl gerade keine da.

Mein Mann fand in der hinteren Ecke noch eine halbe Rolle Maschendraht und machte sich nun daran, die Ritzen der Persiannatür von innen damit zu verkleiden. So, da würde nun keine Ratte mehr hereinkönnen, auch keine kleine!

Am nächsten Morgen ging er siegesgewiß zur Garage, schaute in die Runde, schnupperte – es roch nach Ratten! Und die Garagentür war auf ihrer gesamten Länge am unteren Rand angenagt! Er hatte die Ratten nicht aus-, sondern eingesperrt! Die hatten in der Nacht Hunger bekommen und wollten dringend nach draußen. Nun blieb ihm nichts anderes übrig, als sich ans systematische Aufräumen der Kisten zu machen, zog sich aber vorher sicherheitshalber lange Hosen und Gummistiefel an, damit ihm keine ins Hosenbein kröche.

Das ist, wie uns jemand glaubhaft und aus Erfahrung versicherte, eine lästige Angewohnheit von Ratten, wenn sie bei Tage aus ihren dunklen Verstecken vertrieben werden sollen. Nach längerem Suchen und Aufräumen konnte er schließlich fünf Ratten aufspüren und mit einiger Mühe und einem Besen nach draußen befördern, wo sie dann, geblendet vom gleißenden Sonnenlicht, im Feld verschwanden. Eins der lichtscheuen Tiere versteckte sich vorher noch schnell im hohlen Mast unseres Segelboots, stemmte sich von innen mit gespreizten Pfötchen in die Rundung des glatten Metalls und ließ sich nur durch lautes Dagegenschlagen und brutales Schütteln nach draußen rutschen.

Inzwischen haben wir eine kleine graue Katze. Sie ist eine Enkelin des halbverhungerten Kätzchens, das *Mateos* Sohn einmal im Straßengraben gefunden hatte.

Die reist nun mit uns von einem Zuhause ins andere. Es gefällt ihr hier wie dort – nur glauben wir festgestellt zu haben, daß ihr die warmen Mäuse auf Mallorca besser schmecken als die nassen, kalten in Deutschlands Norden. Sie hält uns Ratten und Mäuse vom Leib. Tagsüber schläft sie im Haus, und des Nachts geht sie draußen auf Beutefang. Wir hören sie manchmal auf dem Dach. Das angebotene Futter rührt sie kaum an.

Wer Katzen hat, hat keine Mäuse?

Da scheint es eine Maus zu geben, die immer dann erscheint, wenn die Katze aus dem Haus ist.

Sie benutzt wohl die Katzenklappe und hat sich hinter der Waschmaschine einen kleinen Vorrat an Katzentrockenfutter angelegt. Vermutlich will sie den Feind aushungern!

Nein, wirklich, ich habe nichts gegen Mäuse, aber sie haben die lästige Angewohnheit, kurz vorm Hungertod Löcher in die schönen Bettüberwürfe zu fressen, wenn man sie nicht rechtzeitig vor der Abreise fängt.

Unsere Katze hat noch nichts bemerkt, aber mir hat die lange Doppelspur einer Ameisenstraße den Weg zu ihrem Versteck verraten.

Von Ameisen

Ich gebe es zu, Ameisen sind mein Lieblingsthema. Es gibt wahre Horrorgeschichten von Ameisen. Sie sollen angeblich ohne erkennbaren Grund ganze Häuser zu Milliarden überfallen. Man kann ein Haus gar nicht ameisensicher bauen, die Tierchen kommen durch alle Ritzen, direkt durch die Wand und besonders gern benutzen sie die auf Mallorca üblichen, sehr praktischen Leerrohre für elektrische Leitungen, über die sie dann direkt aus der Steckdose kommen. Von den 9500 Ameisenarten, die es auf der Welt geben soll, leben mindestens drei direkt bei unserem Haus.

Besonders auffällig sind die großen, denen bei drohendem Regen Flügel wachsen sollen. In unserem ersten Sommer, den wir auf unserer Finca verbracht haben, sah ich einmal eine zwanzig Zentimeter breite Ameisenkolonne direkt neben der Haustür die Wand erklimmen. Dicht gedrängt wuselten die Tierchen nach oben und hatten schon beinahe die Fenster im ersten Stock erreicht. Ich muß gestehen, daß ich angesichts dieser Invasion zur Ameisen-Gift-Spraydose griff und sie alle brutal ermordete. Und richtig, noch am selben Tage gab es einen kräftigen Gewitterregenguß, der mir gleich zeigte, wo wir noch unbedingt Persiannas brauchten, die den Regen davon abhalten sollen, in den Zimmern kleinere Überschwemmungen anzurichten.

Dann gibt es die Ameisen von mittlerer Größe , die eigentlich unseren bekannten norddeutschen recht ähnlich sind, abgesehen davon, daß sie in ungleich größerer Anzahl auftreten. Sie stürzen sich auf jeden Krümel, der vom Tisch fällt und transportieren sofort jede erschlagene Fliege in Richtung ihrer Nester. Insoweit sind sie eigentlich recht nützlich, sorgen sie doch dafür, daß kein noch so kleines totes Tier in der glühenden Hitze des Sommers Zeit hat, der schnellen Verwesung anheim zu fallen.

Regelrecht gemeingefährlich ist die kleinste, höchstens zwei Millimeter große Ausgabe der Ameisen. Nichts Eßbares ist vor ihnen sicher. Sie kommen in langen Straßen, eine hinter der anderen ins Haus, haben in kürzester Zeit eine Gegenspur gebildet, auf der sie einander geschickt ausweichen, um die paar unbedeutenden Zuckerkrümel abzutransportieren, die heute morgen beim Auffüllen der Zuckerdose danebenfielen.

Nicht nur einmal rief ich von Deutschland oder schon bei der Abreise vom Flughafen bei *Juan* an, er möge bitte bei nächster Gelegenheit unsere Zuckerdose ausleeren, die offen auf dem Küchenbord stand, wo ich sie vergessen hatte. Inzwischen befindet sich der Zucker bei uns in einem hübschen blauen Einmachglas mit Gummiring und Bügelverschluß und kommt auch so auf den nett gedeckten Kaffeetisch, obwohl das Gefäß nur sehr bedingt zu meinem Zitronengeschirr paßt.

Einmal kamen wir nach einem abendlichen Restaurantbesuch nach Hause und wunderten uns über eine Ameisenstraße, die direkt ins leere Spülbecken führte. Uns war es entgangen, aber die lieben kleinen Mini-Ameisen hatten in der Ecke des Spülsteins ein paar aufgeweichte Kuchenkrümel ausgemacht, die dort vom letzten Abwasch, den mein Mann erledigt hatte, zurückgeblieben waren.

Seitdem übernehme ich das Geschirrspülen selbst, sehr zur Freude aller Familienmitglieder. Wegen der Ameisen habe ich mir auch bis heute keine Spülmaschine angeschafft, obwohl zu überlegen wäre, ob man mit ihr nicht täglich mehrere Tausend Ameisen fangen und vernichten könnte, die auf schmutzigen Tellern kleben.

Es verbietet sich von selbst, irgendeinen Essensrest unabgedeckt herumstehen zu lassen, alles ist eingepackt und möglichst in gut verschließbaren Vorratsgläsern aufbewahrt. Eine saftige Apfelsine haben wir nur ein einziges Mal freihand im Hause verzehrt; die Tropfen auf dem Fußboden alarmierten sofort die kleinen Ameisen. Obschon es deshalb auch niemand in unserer Familie wagen würde, Orangen im Badezimmer zu verzehren, und auch keine toten Käfer zwischen den Kosmetikflaschen liegen, entdecke ich regelmäßig Ameisen neben dem Waschbecken. Was sie dort suchen, ist mir schleierhaft – ich habe aber Mandelseife, Avocado-Creme und Vanille-Bodylotion im Verdacht ...

Jeder, der bei uns zum ersten Mal zu Gast ist, hört gleich in den ersten Minuten: "Paß auf, klecker` nicht, sonst kommen die Ameisen!"

Wollen unsere Kinder auf ihrem Zimmer oder gemütlich vor dem Fernseher etwas knabbern, folgt ihnen der Satz: "Denkt an die Ameisen!" Da Jugendliche mütterliche Aussprüche dieser Art bestenfalls mit Nichtachtung strafen, falls sie nicht sogar "die spinnt doch" murmeln, durfte zumindest mein Jüngster deshalb schon so manches Mal Ameisen auf seinem Bett bekämpfen, die ihn aus der Steckdose besuchen kamen.

Noch bevor wir uns alle am Kaffeetisch im Garten eingefunden haben, sind die ersten Ameisen schon da. Sie eilen geschäftig zwischen Kuchentellern und Zuckerdose hin und her, und ich bin sicher, daß wir schon eine Menge mitgegessen haben.

Auch den Weg zum toten Falter hinter dem Sofa zeigte uns ein Ameisenvölkchen, das direkt irgendwoher aus der Wand gekommen sein muß. Wir haben schon die Anschaffung eines Ameisenbäres erwogen.

Die Ameisen erziehen natürlich ungemein zu Sauberkeit und Ordnung. Ich kann nicht umhin, ihnen einen gewissen Nutzen zuzugestehen: Kinder essen brav über dem Teller, leergegessenes Geschirr wird nach der Mahlzeit sogleich abgeräumt, der Tisch sofort abgewischt. Tischsets oder Tischdecken, in die Klebriges einsickern könnte, sind ein Luxus, den man sich nur bei besonderen Anlässen leistet. Unterm Tisch und ringsherum wird nach jedem Essen gefegt, schmutziges Geschirr steht nie lange herum. Nur schade, daß wir uns deshalb keinen Teppich erlauben können. Auch die Ergänzung unseres Haushalts mit einem Toaster verbietet sich von selbst, und ich frage mich deshalb, wie es die Engländer bis zum heutigen Tage auf Mallorca haben aushalten können.

In jedem Supermarkt gibt es ein reichhaltiges Angebot von allen möglichen Ameisenbekämpfungsmitteln, als Spray oder als Zusatz zum Putzwasser, von Ködern ganz zu schweigen.

Fragt man aber eine mallorquinische Hausfrau, was man denn am besten gegen die lästigen Tierchen tun sollte, erhält man zur Antwort: "Sauberkeit, nichts herumstehen lassen, alles abdecken."

Ganz sicher ist einer der ersten Erziehungssätze einer mallorquinischen Mutter an ihr essendes Kind: *Piensa en las hormigas!*" ("Denk` an die Ameisen!")

Vor kurzem waren wir in einem an sich gut geführten und durchaus netten Restaurant zum Abendessen, das jedoch keinen mallorquinischen Besitzer hat. Da krabbelten ein paar Ameisen im – mit einer weißen Serviette ausgelegten – Brotkorb herum. Ich hatte auch den Eindruck, daß sich einige Kräuter im Dressing meines *ensalada mixta* bewegten. Man tut deshalb gut daran, sich anzugewöhnen, sogleich nach dem Studium der Speisekarte, die Lesebrille wieder abzusetzen.

Schon seit langem versuche ich, aus den Früchten unserer drei Feigenbäume getrocknete Feigen herzustellen – ungeschwefelt und frei von Konservierungsstoffen. Erst habe ich die Feigen, naiv wie ich war, in der Sonne auf einem Backblech ausgebreitet und sie alle paar Stunden gewendet; beim zweiten Versuch habe ich die Feigen fein säuberlich aufgefädelt und die Schnur in luftiger Höhe zwischen die Terrassenpfeiler gespannt – vergebens: Binnen kurzem waren die süßen Früchte unter schwarzem Gewimmel nicht mehr zu erkennen.

Neulich hat sich unser mallorquinischer Nachbar, der ein begnadeter Heimwerker ist, eine spezielle Feigentrockenvorrichtung gebaut: Ein Holzrahmen erhielt einen Boden aus feinem Fliegendraht, darüber kam zum Schutz vor Vögeln, Ratten, Mäusen und Wespen ein zweiter ebensolcher Rahmen als Deckel. Die ganze Konstruktion hat er dann einen Meter über dem Boden auf vier Beine gestellt und diese in die Erde eingegraben. Genial! Ich hatte schon meinen Mann animiert, die Trockenanlage zu kopieren; mit einer wesentlichen Verbesserung: jedes der vier Holzbeine muß unbedingt in eine mit Wasser gefüllte Konservendose gestellt werden – wegen der Ameisen! Die können nämlich nicht schwimmen!

Der Garten

Für den Nordeuropäer, der nun ein stolzer Fincabesitzer geworden ist, gibt es nichts Schöneres, als sich einen mediterranen Garten anzulegen. Beeindruckt von der üppigen Farbenpracht und Pflanzenfülle, die der Blick über so manche Gartenmauer erhascht, macht er sich nun daran, auch auf seinem Stück Land, um sein Haus herum Entsprechendes anzulegen.

Daß diese an sich bescheidene und verständliche Absicht eine der größten Herausforderungen ist, denen sich der Fincaeigner je gegenüber sah, kann er zu Beginn der Realisierung noch nicht wissen.

Meterhohes Gestrüpp reicht bis an die Kniekehlen seiner Terrassenpfeiler, die verwilderten Halme eines ehemaligen Weizenfeldes kitzeln ihn in Bauchhöhe und hunderttausend spitze Steine zerschinden seine in Sandalen steckenden nackten Füße.

Daraus nun eine mediterrane Augenweide zu machen, ist die wahre Aufgabe des Fincabesitzers, für die er sich nun mit Leidenschaft einsetzt und die zunächst seine ganze Einsatzkraft verlangt. Gut, daß ringsherum genügend Beispiele seiner Fantasie auf die Sprünge helfen:

Vor seinem geistigen Auge sieht er schon üppig rankende Bougainvilleas in leuchtendem Violett, Orange und Rot seine Terrasse umschließen. Oleanderbüsche in Weiß und Rosa vor der Gartenmauer, die blutroten Hibiscusblüten im dunklen Grün ihrer Blätter, gelbe Mimosen und das Feuer der Lantanen. Und dazwischen sich unter ihrer Last biegende Orangen- und Zitronenbäume, deren betörender Blütenduft bis ins Haus hineinweht.

Das kann so schwierig doch nicht sein, schließlich wächst unter der südlichen Sonne alles von ganz allein!

Die mallorquinische Erde, die an ungünstigen Stellen oft nur zwanzig Zentimeter hoch den felsigen Untergrund bedeckt, ist die meiste Zeit des Jahres knochentrocken und rissig, mit anderen Worten: steinhart. Das merkt man spätestens beim ersten Spatenstich! Den zweiten sollte man sich deshalb sparen und lieber gleich einen *pala* beim ortsansässigen Baumaschinen-Unternehmer bestellen. Wenn man Glück hat, kommt er schon in der zweiten Woche, und eines schönen Morgens wird man vom heranratternden Gefährt, einem Ungetüm von Schaufelbagger, unsanft geweckt. Die Freude über dessen Ankunft wiegt das Schlafdefizit auf, und der Fincaeigner eilt schleunigst und ungewaschen hinaus auf seinen Acker. Dort findet man ihn nun die nächsten drei Stunden, eingehüllt in eine rote Staubwolke, wild mit den Armen fuchtelnd und lebensgefährliche Sprünge vor der Baggerschaufel vollführend.

Der Baggerführer ist ein wahrer Künstler: vorwärts und rückwärts tänzelt er mit seinem schweren Fahrzeug geschickt um jedes ausgehobene Loch herum, springt behende von seinem Sitz, wechselt die Schaufel in Windeseile gegen einen furcherregenden Picker aus und rammt mit brüllendem Getöse die stählerne Spitze in den Fels.

Der zukünftige Garten gleicht nach getaner Arbeit einer Marslandschaft: metertiefe Löcher mit hohen Steinhaufen daneben – gnädig verhüllt von einem roten Nebel, der sich nur langsam verflüchtigt.

Der nackte Oberkörper des Baggerführers glänzt vor Schweiß, und das Gesicht des Auftraggebers strahlt vor

Glück: endlich kann er die Palmen, Bougainvilleas und Orangenbäume einpflanzen! Daß ihm dafür noch zwei Lastwagenladungen Erde fehlen, hat er bisher noch nicht bedacht.

Nun ja – die Löcher sind ausgehoben, die Pflanzen in der nächsten Gärtnerei gekauft, die Erde in der übernächsten Woche gerade noch rechtzeitig eingetroffen; alles ist gepflanzt und angegossen, der Tröpfchen-Bewässerungsschlauch ist verlegt. Und nur zwei Spaten, eine Spitzhacke und das Rad der Schubkarre gingen dabei zu Bruch.

Nun blicken wir zufrieden in die Runde und wollen morgen noch das letzte bißchen Unkraut ausrupfen.

Sisyphus muß ein mallorquinischer Gärtner gewesen sein! Manche der *malas hierbas*, wie sie hier heißen, kriegt man trotz Hacken nicht aus dem Boden, weil sie sich in die hartgebackene Erde regelrecht eingekrallt haben. Andere kann man zur großen Freude kinderleicht herausziehen, muß jedoch sehr bald feststellen, daß diese beim geringsten bißchen Feuchtigkeit sofort in gleicher Größe und Menge wieder da sind. Über unser gezieltes Wässern freuen sich nicht nur unsere neu gepflanzten Mittelmeerschönheiten; die Wurzeln der Unkräuter sind schon an der Quelle. Es ist ein immerwährender Kampf. Ringsherum von jedem Feld werden die Samen vom stetigen Inselwind direkt in unser neu angelegtes Gartenparadies geweht.

Allmählich wird uns klar, warum so viele ihren Garten großflächig mit Natursteinplatten ausgelegt haben!

Aber nicht nur wir lieben unseren Garten. Auch die vielen hungrigen Katzen, die unser mitleidiges Herz mit reichlich Futter versorgt, haben ihn ins Herz geschlossen. Wenn wir da sind, benutzen die reinlichen Tiere die freundlich aufgelockerte Erde unserer Blumenbeete als Katzenklo. Die für sie ungewohnte Kost kurbelt ihre Verdauung entsprechend an. Bei der Gartenarbeit empfiehlt es sich daher neuerdings, nicht nur Handschuhe, sondern auch eine Nasenklammer zu tragen. Zum Ausgleich finden wir beim Hacken und Graben jede Menge alter Tonscherben. Die stammen garantiert noch aus der Römerzeit!

Am besten wächst bei uns eine der zwei Bougainvilleas, die unsere Terrassenpfeiler schmücken. Wir haben herausgefunden, daß sie mit ihren Wurzeln mittlerweile in der Sickergrube angekommen sein muß und sozusagen mit den Füßen in optimaler Dünge-Umgebung steht.

Nun hoffen wir, daß die zweite irgendwann auch dort ankommt und sich zu ebensolcher Üppigkeit entwickelt. Und selbstverständlich die Kakteen, Agaven und Sukkulenten. Es ist eine wahre Freude, sie wachsen zu sehen. Optimal angepaßt an das Klima, brauchen sie weder Pflege noch Wasser und belohnen uns trotzdem mit den herrlichsten Blüten. Nur schade, daß die nächtliche Armada der Schnecken mit verheerender Wirkung über ihre dicken saftigen Blätter herfällt.

Jeden Garten ziert – oft schon in halbfertigem Zustand – mindestens eine *tinaja*; meistens jedoch zwei oder drei. Ein Fincaeigner, der auf sich hält, kommt daran nicht vorbei.

Die sehen aber auch zu dekorativ aus, vor allem, wenn sie malerisch und wie zufällig im Gras liegen. Daß sie an ihrer Unterseite ein größeres Loch haben, sieht dann ja keiner. Oder die großen, fast mannshohen Exemplare, die den Besucher schon gleich beim Ankommen beeindrucken!

Sie sind auch nicht schwer zu beschaffen. Jedes bessere Interieurgeschäft hat eine Riesenkollektion zur Auswahl und außerdem fahren vor allem in den Sommermonaten mehrere Lastwagen über die Insel, die bis obenhin vollgetürmt sind mit Amphoren jeder Größe. Merkwürdigerweise parken sie immer in der Nähe eines größeren Supermarktes.

Die *tinajas* werden alle vom spanischen Festland nach Mallorca gekarrt, wo sie eigentlich nicht hingehören, da es früher hier keine gab, und ich denke, daß dort bald keine einzige mehr zu finden sein wird, weil sie sich alle in den Gärten der Fincabesitzer befinden. Jedenfalls keine antiken. Aber da die Töpferkunst in Spanien ein hohes Niveau hat, dürfte es nicht allzu schwer fallen, welche nachzubilden und mit einem bißchen Patina zu versehen.

Um nachts die Terrasse stilvoll auszuleuchten, besitzt der Fincabesitzer drei bis fünf kleine rostige Laternen. Je rostiger, um so schöner. Wie jeder weiß, heißt das heutzutage "Edelrost" und ist, besonders auf Mallorca, eine sehr sinnvolle Erfindung: der rote Staub bleibt unsichtbar. Das Kerzenlicht, das durch ihre fein durchbrochenen Blechwände fällt und auf der Tischdecke so zierliche Muster zaubert, ist aber auch zu stimmungsvoll! Die Laternen werden aus Marokko importiert.

Die Marokkaner kommen, um den mallorquinischen Markt zu bedienen, mit ihrer Produktion kaum nach.

Und an der Gartenmauer haben wir, wie alle anderen auch, selbstverständlich Dachziegel befestigen lassen, deren Glühbirnen dahinter ein so zauberhaftes indirektes Licht auf die alten Steine werfen. Wenn vom Hausbau keine Dachziegel mehr übrig sind, kann man zur Not auch welche aus Marokko kaufen. Die sind dann zur Hälfte hübsch dunkelgrün glasiert.

Ja, es ist schön geworden auf unserer Finca: üppige Bougainvilleas, leuchtender Hibiscus, Oleander in pastelligen Rosatönen, Passionsblumen an der Mauer im Wettstreit mit den Wandelröschen. Orangerote Blütenkerzen des Schlangenkaktus`, duftende Rosen mitten im Winter, Orangenblütenaroma im Mai. Ganzjährig verbreitet das mitten im Garten stehende Zitronenbäumchen, das nie zu blühen aufhört, unterstützt von Rosmarin und Lavendel, sein Aroma tapfer gegen den Katzentoilettengeruch .

Und manchmal, wenn der Wind aus der falschen Richtung kommt, macht sich leise würzig-ländlich die Sickergrube bemerkbar.

"*Es el aroma de las flores*", hat *Jaime* einmal gesagt, "Der Duft der Blumen".

Die Palme

Jeder echte Fincaeigner braucht eine schöne, große Palme für sein Landhaus.

Schon von weitem grüßen sie auf hohen, schlanken Stämmen den sich nähernden Besucher mit ihren sich elegant im Wind beugenden Palmwedeln. An exponierter Stelle, seitlich neben dem Hauptgebäude eines alten Landsitzes, zeugen sie seit Jahrhunderten von Wohlstand, zeigen an, daß ihre Besitzer reich genug sind, um ihre Wurzeln immer ausreichend mit dem im Süden so kostbaren Wasser zu versorgen. Mit den Füßen im Wasser und dem Kopf in der Sonne gedeihen sie zu prächtigen, eleganten Bäumen.

Eigentlich hört sich das recht einfach an und außerdem gibt es auf der Insel Palmen zuhauf. Überall sieht man sie, in Gärten, auf Plätzen und Promenaden, am Strand, einfach überall, große auf himmelhohen Stämmen und kleine, die erst noch einen ausbilden müssen.

Ein paar von den kleineren hatten wir schon, links und rechts unserer Zufahrt.

Doch nun wollten wir eine größere. Eine, die man schon von der Straße aus sehen könnte, aber nicht allzu hoch, denn wir wollten sie selbst wachsen sehen. Mindestens drei Meter sollte der Stamm schon haben.

Wir hatten Glück. An der Stelle, wo unsere zukünftige Palme stehen sollte, war genügend Erde vorhanden, und wir beauftragten den Gärtner, einen netten jungen Mann, dessen Frau an Markttagen immer einen Stand mit Blumen hat, uns ein schönes Exemplar zu besorgen. Im August, wenn Pflanzzeit für Palmen sei, wolle er sie dann bringen lassen und pflanzen.

Als wir im darauffolgenden Oktober endlich wieder auf unsere Finca kamen, galt unser erster Blick der Palme.

Ja, da stand sie, noch alles andere als schön, mit ihren zusammengebundenen Wedeln und den Bretterstützen am Stamm; aber es war eine Dattelpalme, wie wir sie uns wünschten.

Nun ja, der Stamm war im oberen Teil nicht gerade ansehnlich, aber den könnte man ja später glätten. Und die kümmerlichen Blätter oben waren mehr grau als grün, aber, wenn die Palme reichlich Wasser bekäme, würde sich das sicher bald ändern.

Sie bekam reichlich Wasser. Jeden Tag legten wir den Wasserschlauch für Stunden an ihren Fuß, manchmal sogar die ganze Nacht. Mein Mann verlängerte und verlegte den *goteo*, die Tröpfchenbewässerung, damit *Jaime* ohne große Mühe die neue Palme mit dem kostbaren Naß versorgen könnte. Ein ganzes Jahr sollte ihre Krone zusammengebunden bleiben, damit sie nicht vom ewig wehenden Wind gebeutelt würde und in Ruhe ihre Wurzeln ausbilden könnte.

Das Jahr ging schnell vorüber, und im nächsten Sommer banden wir sie erwartungsvoll auf. Sie hatte kein einziges grünes Blatt entwickelt, und so banden wir sie enttäuscht wieder zusammen und gossen sie noch ein zweites Jahr, in der Hoffnung, daß sie schon noch anwachsen würde. Inzwischen nannten wir sie "die Karotte", weil sie mit ihrem paradoxerweise nach oben dickeren Stammende und dem bißchen welken Grünzeug oben dran einer überdimensionalen Möhre nicht unähnlich war. Ehrlich gesagt, sie sah erbärmlich aus, die perfekte Karikatur einer Palme, und sie entsprach so gar nicht unseren Vorstellungen.

Wir wollten eine schöne Dattelpalme und starteten voller Zuversicht den zweiten Versuch.

Diesmal baten wir unsere mallorquinischen Freunde um Hilfe und Unterstützung, zumal sie viele schöne, große Palmen auf ihrer Finca haben und offenbar viel von diesen Bäumen verstehen. Kleine Palmen zu pflanzen, ist nicht schwer, aber eine große darf nicht zu lange in einer Gärtnerei gestanden haben und dort eingewurzelt sein. Also hielt *Mateo*, wenn er über die Insel fuhr, die Augen offen und eines Tages sah er dann auch, wie gerade größere Palmen in einer Gärtnerei angeliefert wurden. Tags darauf fuhr ich mit *Cati*, seiner Frau, dorthin, um zu sehen, ob sie mir gefielen und die von uns gewünschte Größe hätten.

Ja, sie gefielen mir. Ihr Stamm war zwar gut einen Meter höher, aber ihre zusammengebundenen Wedel waren grün und frisch. Früher kamen die Palmen für die Balearen vom spanischen Festland. Diese aber kamen aus Afrika. Ich entschied mich dann für eine der schönen Afrikanerinnen und ließ sie für mich reservieren, da wir uns zuerst um den Transport kümmern mußten, was nicht Sache der Gärtnerei ist.

Mateo organisierte für uns einen Lastwagen, und ein paar Tage später war es dann soweit.

Mit einem großen Kranausleger und entsprechender Ausrüstung machte sich der Fahrer daran, unsere "Karotte" zu ziehen. Es ging ganz leicht. Als sie in der Luft schwebte, sahen wir, daß sie überhaupt kein Wurzelwerk ausgebildet hatte. Sie war wohl eines der Exemplare gewesen, die vorher schon zu lange in einer Gärtnerei eingewurzelt gewesen waren und beim Umpflanzen hatte sie zu viele ihrer Saugwurzeln verloren.

Am darauffolgenden Tag fuhr der Lastwagen wieder
vor, diesmal beladen mit unserer neuen *datilera*. Jaime
war gekommen und hatte zuvor das Pflanzloch neu ausgehoben. Und schon schwebte die neue Palme am Kran
über die Gartenmauer, wurde langsam herabgelassen,
und, nachdem wir uns zu viert vergewissert hatten, daß
sie gerade stand, eingepflanzt und mit mehreren Brettern und Seilen gut abgestützt.

Es war wieder August und sehr heiß, und wir wässerten sie jeden Tag stundenlang. Ich glaube, wir sprachen auch mit ihr und redeten ihr gut zu, dieses Mal nun brav einzuwurzeln. Sie muß uns wohl verstanden haben, denn schon bald merkten wir, daß sich oben aus der zusammengebundenen Krone neue, frischgrüne Palmwedelspitzen schoben, und schon im darauffolgenden Oktober konnten wir sie aufbinden.

Noch war sie ein bißchen spärlich oben herum, aber wir glaubten, daß wir keinen dritten Versuch brauchen würden.

Inzwischen ist aus ihr ein Prachtexemplar von Palme geworden, und ihr leicht windschiefer Stamm tut ihrer Schönheit keinen Abbruch. In windstillen Nächten erfreut uns ihr vom Mondlicht erhelltes Spiegelbild auf der Wasserfläche des Pools.

Üppige Büschel goldgelber Dattelfrüchte hängen schwer zwischen den grünen Wedeln und von Weitem fällt es gar nicht auf, daß jede zweite süße Dattel von ein paar Ratten, die im Wipfel ihr Nest gebaut haben, halb angefressen ist.

Den Rest besorgen die Ameisen. Und wir kaufen nach wie vor unsere Datteln auf dem Markt.

Markttag

"Mittwochvormittag will der Tischler kommen? Das ist aber schlecht, da sind wir eigentlich nicht da."

"Was, morgen wollt ihr uns besuchen? Das geht leider nicht, da sind wir auf dem Markt!"

Das größte gesellschaftliche Ereignis schlechthin ist der Markt. Der findet meist gleich zweimal die Woche statt, und der Fincabesitzer verläßt dafür zuverlässig seinen Acker, um daran teilzunehmen. Schließlich sind alle da, vom Bürgermeister bis zum Losverkäufer! Nicht etwa, um die Erträge des eigenen Gartens und Schaffens feilzubieten, was sich manchmal schon – allein der zu erntenden Menge wegen – lohnen würde, und nicht nur, um Obst und Gemüse frisch von den Bauern zu kaufen oder am Blumenstand ein großes Bund Gladiolen, um das Heim zu schmücken. Nein, hauptsächlich geht man zum Markt, um gesehen zu werden.

Man ist wieder da. Noch besser, man ist immer noch da.

Und natürlich anders herum. Wer alles ist denn schon wieder hier?

Der Mann von Frau Soundso macht anscheinend nur noch Urlaub. Der braucht wohl gar nicht mehr zu arbeiten. Je später man hingeht, desto besser; so gegen Mittag sind garantiert alle Residenten anwesend – und die Mallorquiner schon weg.

Aber zunächst muß entschieden werden, wie man sich nun marktgerecht kleidet. Es gilt, eine gelungene Symbiose zwischen Marktfrau und Residentin zu finden.

Ähnlich wie am Flughafen muß man sich vor allen Dingen deutlich vom "Einmal-einen-typisch-mallorquinischen-Markt-sehen-Tagestouristen" unterscheiden.

Das ist relativ einfach, da viele von ihnen nach wie vor ein Hawaii-Hemd zur kurzen Hose tragen, manchmal sogar im Winter – Mallorca liegt schließlich im Süden, und im Süden ist es warm.

Dank seines feinen Empfindens für Lächerlichkeit trägt der mallorquinische Mann (außerhalb seiner eigenen vier Wände und natürlich am Strand) niemals kurze Hosen, auch nicht im Hochsommer, mag er noch so schöne Waden haben. Es sei denn, er arbeitet im Freien.

Und wir gehen zum Markt und ziehen uns deshalb anständig an.

Nach drei Runden um die Kirche haben wir endlich auf der richtigen Straßenseite einen Parkplatz gefunden. Denn wir wollen nicht, daß uns der Dorfpolizist aufschreibt, der akribisch über das im 14-tägigen Rhythmus wechselnde Parkverbot wacht. Er sorgt dafür, daß jeweils nur eine Hälfte der Einheimischen einen halben Monat kaum aus ihren Haustüren kommt – der vielen parkenden Autos wegen. Gerechtigkeit muß sein.

Mit unserem original mallorquinischen Einkaufskorb über der Schulter überqueren wir nun gemessenen Schrittes den Marktplatz, im Vorbeigehen den Architekten und die Frau des Gärtners nebenan freundlich grüßend, und lenken unsere Schritte zuerst zum Postamt. Wohnt man nämlich außerhalb der Ortschaft und weit entfernt jeglicher Urbanisation, muß man sich seine Post persönlich abholen. Inzwischen haben wir ein Postfach, aber es gab Zeiten, in denen ich meinen Mann allein zum Postholen schickte, des Postmeisters wegen. Da wir auf einer Silversterfeier bei *Juan* und *Catalina* nicht nur die Bekanntschaft des Bürgermeisters, sondern auch des Oberpostmeisters gemacht hatten, stürzt letzterer nun jedesmal, wenn er mich sieht, hinter seinem Arbeitstresen hervor, um mich auf beide Wangen küssend zu begrüßen. In letzter Zeit küßt er mir nur noch die Hand und bleibt dahinter. Außer der Telefon- und Stromrechnung sowie einem halben Dutzend Einladungen zu Vernissagen und Geschäftseröffnungen haben wir diesmal liebe Post aus der Heimat, die wir triumphierend in der Hand tragen, um uns nun unseren Einkäufen zuzuwenden.

Das heißt, ich stelle mich beim Gemüsehändler an, während mein Mann schon mal zu *Bernardo* geht. *Bernardo* ist der Wirt von der Bar am Platz, und diese Bar ist unser eigentliches Ziel. Mit etwas Glück ergattert man draußen vor der Tür ein schattiges Plätzchen, vorzugsweise hinter dem Blumenstand, denn da ist man strategisch im Vorteil. Man sieht alles und wird selbst erst auf den zweiten Blick entdeckt, was manchmal nicht von Nachteil ist.

Ich habe mich schon gefragt, ob die Markthändler so gegen halb elf klammheimlich ihre Preisschilder austauschen – Geschäft ist Geschäft. Schließlich hegt die Hälfte der Fremden die feste Überzeugung, daß man auch um Obst und Gemüse anständig handeln und feilschen muß. Gut, daß sie nicht wissen, daß dann die frischen *huevos del campo* schon ausverkauft sind und sie sich mit normalen Supermarkteiern begnügen müssen. Die sind offen auf 30er-Paletten angeordnet und sehen eigentlich nicht viel anders aus.

Bernardos Tochter bringt uns das Gewünschte, *como siempre*, und wir lesen nun erstmal unsere Post. Hamburg hat Dauerregen, aber das war schon vor 14 Tagen, wie wir dem Poststempel entnehmen.

Unser Blick richtet sich nun zwischen Bougainvilleas, Gladiolen und Nelken hindurch auf das bunte Markttreiben. Es ist wie im Theater, nur besser!

Die Kulisse ist zwar immer die gleiche – Kirche, Häuserfassaden und Rathaus, von rechts nach links –, aber das Stück ist jedesmal wieder neu.

Das lärmende Feilschen und Lachen, übertönt von *Julio Iglesias*, der heute gratis vom Kassettenverkäufer für alle singt, und dazwischen das Gewoge der Marktbesucher mit ihrem Vielvölker-Sprachgemisch.

Und alle Charakterdarsteller sind erschienen, von der komischen Alten bis zum jugendlichen Liebhaber. Ach, es ist zu schön!

Schließlich kommt man ja vom Land in die Stadt, um etwas Abwechslung zu haben.

Da ist wieder das Pärchen direkt vom Strand: sie im Bikini-Oberteil zur knappen Shorts und er im Muskel-Shirt – und heute trägt er dazu nur die Strandhose; schließlich ist er noch etwas braungebrannter als letzte Woche!

Der Herr im bunten Hemd geht leicht in die Knie, um eine bessere Kameraeinstellung für unseren Blumenstand zu finden. Nächste Woche müssen seine Freunde und Verwandten uns im Großformat beim Dia-Abend ertragen. Wir lächeln huldvoll, wer weiß, wozu es gut ist?

Eine Dame mit elegantem Hut zum hinten und vorne tiefdekolletierten langen Kleid braucht sicher noch ein Blumengebinde für die Gastgeberin der Dinnerparty heute Nacht, zu der sie sich jedenfalls nicht mehr umzuziehen braucht. Und die andere dahinten ist für den knappen Mini doch längst zu alt. Daß die Leute aber auch nie wissen, was ihnen steht!

Gott sei Dank heben wir uns wohltuend von all dem Volk ab; und überhaupt, wer sind wir denn, wieso grüßen wir die Soundsos immer zuerst?

Und wo bleiben unsere Freunde heute eigentlich?

Haben die etwa keine Lust?

Das gibt es doch gar nicht, heute ist doch Markt!

Der Resident

Kaum durchschreitet der Eigenheimbesitzer die gläsernen Türen der Ankunftshalle des Flughafens, geht eine wunderbare Wandlung mit ihm vor: wie ein schöner Schmetterling befreit er sich aus dem Kokon der Touristenmasse, mit der er das karge Mahl im Charterflieger teilen und auch – in der Menge eingekeilt – seine Kisten und Koffer vom Gepäckband klauben mußte. Schon straffen sich seine Schultern, keines Blickes würdigt er die hochgehaltenen Pappschilder der Reiseleiter, die ihre Schäfchen um sich sammeln wollen.

Er ist jetzt Resident!

Sein Hündchen, der Karton mit den Sauerkrautkonserven und die drei Meter lange Teppichrolle, die er hinter sich herschleift, tun seiner Würde keinen Abbruch, im Gegenteil, sie sind die weithin sichtbaren Insignien seiner Macht.

Daß die spanische Vokabel *residente* nicht mehr besagt als "wohnhaft, ansässig" und mit dem deutschen Titel "Resident", der früher nur Fürsten und Königen vorbehalten war, nichts gemein hat, ist ihm egal; er ist ein Resident, auch wenn er seine *residencia*, weil er weniger als 183 Tage im Jahr auf Mallorca weilt, gar nicht beantragen muß.

Und seine Residenz kann sich schließlich sehen lassen: Mit seinen Zinnen und Türmen und Erkern und Altanen gleicht so manches Haus schon von weitem einem Schloß, und erst beim Näherkommen erkennt man, daß es links und rechts von zwei bescheidenen Nachbarhäusern flankiert ist, die sich verschämt hinter die grüne Antorchasis-Hecke geduckt haben.

Deshalb baut der wahre Resident sein Haus, wenn möglich auf einen Berg, zumindest aber auf einen Hügel, mit unverbaubarem Meerblick. "Dahinten ist das Meer", sagt er stolz, und justiert das lange Fernrohr auf den Horizont. Nur schade, daß es immer mehr Residenten auf den Hügel zieht und der nächste Nachbar seine Freitreppe noch beeindruckender gestaltet hat. "Und dieser Turm da drüben, der gehört zum Haus von Farah Dibas Sohn ..."

Den Deutschen fehlt einfach ein Monarch, da kann man sagen, was man will. Da wollen sie wenigstens einen auf Mallorca haben – oder auch zwei. Deshalb gibt es schon einen Wurstkönig und einen Bierkönig – und wenn ich mich nicht irre, haben wir auch schon einen Immobilienkönig. (Gott sei Dank kommt *Juan Carlos I.* nur zweimal im Jahr!)

Ja, und da sitzt – ich meine, da thront nun unser Resident auf seiner Terrasse und läßt den Blick gefällig über die Mandelbäume seiner weitläufigen *finca* schweifen oder wenigstens bis zur Gartenmauer, wo seine Augen liebevoll auf den beiden Terracotta-Pinienzapfen verweilen, die die Pfeiler der Eingangspforte schmücken. Seine Unter-, äh, Angestellten haben schon am Morgen die Kalkflecken von den goldenen Wasserhähnen wegpoliert, und der Gärtner werkelt diskret mit dem Gartenschlauch.

Aber nur Residieren wird auf Dauer langweilig, und der Resident denkt häufig darüber nach, wie er seine Zeit auf Mallorca sinnvoll ausfüllen könnte. So mancher hat sich deshalb eines Tages in die Niederungen des Gaststättengewerbes begeben und einen Gourmet-Tempel eröffnet. Die Mallorquiner räumen ihnen kampflos das

Feld, überlassen den Deutschen gerne das Kochen und beschränken sich aufs Servieren. Nur schade, daß man dort nun unter lauter Residenten sitzt. Irgendwie fehlt doch das Publikum , aber es schmeckt wenigstens wie daheim!

Immer wieder verlockend scheint auch die Eröffnung eines Interieurgeschäfts zu sein. Dort bietet man dann, weil die Antiquitäten auf Mallorca allmählich knapp werden, Möbel aus Fernost, Stoffe aus Indien und zu Kerzenleuchtern umfunktionierte Dachpfannen an – die sind im Moment sehr beliebt. Die anderen Residenten werden das Zeug schon kaufen.

In unserem Dorf hat kürzlich einer von ihnen ein großes Stadthaus renoviert – das nennt er nun *palacio*. Das Ambiente und die Preise der Dachpfannen sind durchaus fürstlich. Auch die Einheimischen freuen sich, war es ihnen bis dahin doch gänzlich unbekannt, daß sie in ihrem Dorf mit einem Palast aufwarten können!

Ab und an mischt sich der Resident gerne unter das gemeine Volk. Dafür geht er entweder zum Strand oder in die Bar am Platz; am besten an Markttagen, wenn der Platz so richtig schön voller Leute ist. Wenn er seinen Rundgang durch den Ortskern beendet hat und dabei in den Schaufenstern aller sieben Immobilienbüros die neuesten Angebote studiert und sich dabei diebisch gefreut hat, daß die Preise schon wieder gestiegen sind, braucht er dringend eine Pause, um sich vom Bad in der Menge zu erholen und sich für den Heimweg zu erfrischen.

Bei uns im Dorf bietet sich ihm dafür eine besondere Lokalität an: neben *Bernardos* Bar auf dem Marktplatz, in einer windgeschützten Ecke, hat vor einiger Zeit ein

Barbesitzer bequeme, hochlehnige Korbsessel mit weichen Kissen aufgestellt, hübsch gruppiert um ein paar kleine Tische – exklusiv für Residenten! Einheimische sollen fernbleiben; das hat sich schnell herumgesprochen, die sollen ruhig mit den harten Metallstühlen vom mallorquinischen Wirt nebenan vorlieb nehmen, wie sie es schon immer getan haben.

Um die "Residenten-Bar" stilvoll von den Gemüse-
kistenstapeln hinter den Marktständen der Bauern ab-
zugrenzen, hat der Barbesitzer ringsherum dicht an
dicht so an die zwanzig schöne alte, mit Pälmchen be-
pflanzte Amphoren aufgestellt. Die waren wirklich
prachtvoll. Leider sind sie binnen kürzester Zeit auf
sechs oder sieben Exemplare dezimiert worden; wahrscheinlich, weil den Bauern – aus Versehen – immer
mal wieder eine Kartoffelkiste dagegengestoßen ist,
mittwochs und samstags.

Aber das macht weiter nichts – man hat jetzt einen viel
freieren Blick auf die Residenten.

Pascua

Zur Osterzeit zieht sich Mallorca ein rotes Kleid an.

Überall – auf brachliegenden Feldern, auf den Weiden und an allen Wegrändern – blüht der rote Mohn, steigert sich im Verlauf des April zu einem furiosen Crescendo als Auftakt für den *mes de las flores*, den Mai.

Entgegen landläufiger Meinung, die sich auf die sonntäglichen Schießübungen der Mallorquiner bezieht, hoppeln noch immer etliche Kaninchen auf Mallorcas Wiesen, und die zarten roten Blätter der Mohnblumen sind für sie, nachdem der letzte Sauerklee von ihnen verputzt wurde, eine süße Nachspeise.

Hinter jeder Gartenmauer blühen weiße *Callas* und trinken mit ihren wächsernen Trichtern den Morgentau; und Mallorcas Hasen, die bis auf wenige Ausnahmen zur Kategorie der Stallhasen gehören, blicken traurig mit hängenden Ohren auf die spinatgrünen Blätter.

Deshalb gibt es wohl keinen Osterhasen! Der wahre Grund ist jedoch, daß er, wenn es denn einen gäbe, hierzulande keine mit Melba und Nougat gefüllten Ostereier verstecken könnte – wegen der Ameisen, und so hat er sich schon vor langer Zeit, als sich noch die Phönizier und Römer auf der Insel tummelten, weit hinter die Pyrenäen zurückgezogen, wo er zu Ostern unbehelligt seinen Geschäften nachgehen kann.

Als Ersatz hat das Christentum in Spanien die *semana santa* erfunden und sie schnell zum wichtigsten Fest des Jahres werden lassen.

Sie beginnt mit dem Palmsonntag, dem *domingo de ramos*. Mit den *ramos* sind die hellen Palmwedel gemeint, die man ein paar Tage zuvor auf jedem Markt kaufen kann. Ihre Herstellung ist recht aufwendig und beschäftigt vor allem auf dem spanischen Festland viele Traditionsbetriebe. Dort existieren Plantagen extra für die "*Pascua*-Palmwedel-Produktion", auf denen die Palmen in Reih und Glied stehen – alle mit zugebundenen Kronen, damit die innen nachwachsenden Wedel nicht dem Sonnenlicht ausgesetzt sind und weiß bleiben. Anschließend werden die Palmwedel noch verschiedenen Prozeduren unterzogen, eingeweicht und mit Schwefel behandelt, bevor sie entweder als ganze Wedel verkauft oder zu kunstvollen kleinen Gebilden geflochten werden. Auch auf Mallorca gibt es einige Familienbetriebe, die Osterpalmwedel herstellen.

Traditionsgemäß bringen die Mallorquiner sie am Palmsonntag mit in die Messe, um sie dort weihen zu lassen. Bei uns im Dorf erhält jeder, der nicht mehrere tausend Peseten für einen kunsthandwerklich gefertigten Palmwedel ausgeben wollte, am Eingang zur Kirche ersatzweise einen Olivenzweig.

Wenn die weißen Palmwedel dann ordnungsgemäß gesegnet sind, befestigt man sie am *picaporte* seiner Haustür oder am Balkongeländer, damit sie für den Rest des Jahres Blitze und anderweitiges Unheil vom Hause fernhalten mögen.

Als echter Fincabesitzer haben wir diesen Palmsonntagsbrauch selbstverständlich mitgemacht – allein schon wegen der Blitze; das kleine, zierlich geflochtene Palmwedelgebilde, das ich als Osterdekoration drinnen im Haus aufgestellt hatte, war nach ein paar Wochen leider mit Schimmel grün überhaucht, so daß mir nichts anderes übrigblieb, als es wegzuwerfen. Möglicherweise hatten wir deshalb kürzlich Probleme mit der Wasser-

pumpe, die an einer unsichtbaren Stelle ihres Rohrge-
wirrs Wasser verlor. Es suchte sich heimlich durch die
Mauer zur Sommerküche unseres Nachbarn seinen
Weg und tauchte bald ganz unheimlich durch dessen
gerade erst neu verfliese Wand wieder auf. Unterwegs
durchfeuchtete es jeden Stein, so daß der Nachbar ein
nicht unbedeutendes Areal seiner neuen Kacheln auf-
stemmen und das Mauerwerk ein paar Wochen lang ab-
trocknen lassen mußte. Es könnte natürlich auch sein,
daß unser Nachbar am Palmsonntag nicht alles richtig
gemacht hat.

Irgendwann entführte dann der Wind in unserer Abwesenheit den Palmwedel von unserer Haustür, er blieb
aber in den Sprossen eines der Räder des alten Eselkar-
rens, der an der Hausecke steht, hängen und hat trotzdem bis zum heutigen Tag unser Haus vor Blitzein-
schlägen bewahrt. Es gab allerdings nur wenige Gewit-
ter in diesem Jahr.

Im Verlauf der Karwoche gibt es für den Fincabesitzer in unserem Städtchen nicht besonders viel zu erleben, es sei denn, er interessiert sich dafür, wie am Gründonnerstag der Priester nach der Messe je einen Fuß der zwölf Apostel wäscht. Man fragt sich unwillkürlich, ob der zweite Fuß nicht auch einer Säuberung bedarf.

So richtig interessant ist es erst wieder am Karfreitag. Da wird eine hölzerne Statue als Leichnam Jesu, ordentlich zugedeckt, auf einer Bahre durch die Straßen getragen; dumpfes Trommeln begleitet ihren Weg, angeführt von kapuzenverhüllten Gestalten in Büßergewändern. Flackerndes Fackellicht tanzt um die Füße der stummen Träger, die den toten Jesus in die alte Seitenkapelle der Kirche bringen, wo er bis Ostern aufgebahrt bleiben wird.

Mittlerweile sind die mallorquinischen Hausfrauen schon fleißig dabei, das große Festessen vorzubereiten. Die Osterlämmer sind alle schon geschlachtet, denn nun gilt es, die *empanadas de cordero* zu backen. Mit großen Blechen beladen eilen die Frauen von einem Haus ins andere und hoffen, daß Gott seine Augen nicht überall hat – aber das Fleisch ist ja gut im Teig versteckt.

Die *robiols*, die süße Variante der Teigtaschen, müssen mit *cabell d`ángel* oder Aprikosenmarmelade gefüllt werden, und in den Bäckereien erstehen die Hausfrauen die *cunfits de cucuya*, die mit Zuckerguß umhüllten Mandeln in Form einer Büßermütze. Danach muß alles gut verpackt und versteckt werden, damit weder die Kinder noch die Väter noch die Ameisen vorm Ostersamstag etwas davon stibitzen können.

Dann, endlich – der Ostersonntag!

Die Residenten, jedenfalls die Frühaufsteher unter ihnen, lassen sich das Osterspektakel natürlich nicht entgehen. Noch vor neun Uhr am Morgen finden sie sich zusammen mit den in festlichem Schwarz gekleideten Mallorquinern beim alten Stadttor ein, um mitzuerleben, wie die Statue von Jesus Christus von links und die Statue von Maria Magdalena von rechts – in feierlicher Prozession – durch die engen Gassen getragen werden.

Die düstere Stimmung der Karwoche weicht nun einer neuen Fröhlichkeit, und zum Zeichen dafür, und wegen der Wiedersehensfreude lassen die Träger die Statuen auf ihren Schultern ein wenig hüpfen. Und weil die Freude so ansteckend ist und auch auf die mallorquinischen Brieftaubenzüchter übergreift, die sich alle am Tor getroffen haben, dürfen so an die hundert Brieftauben aus ihren engen Käfigen in den blauen Himmel flattern. Wahrscheinlich tragen sie die frohe Botschaft von Christus` Auferstehung – na ja, bis in ihren Taubenschlag. Die Musikkapelle möchte nun ihrerseits auch einen Beitrag zur Fröhlichkeit leisten und stimmt deshalb die spanische Nationalhymne an, setzt sich an den Anfang der Prozession, und alle geleiten nun freudigen Schrittes die beiden Statuen wieder zu ihrem angestammten Platz in der Kirche.

Gott sei`s gedankt, die Fastenzeit ist vorüber, und jeden anständigen Mallorquiner zieht es nun nach Hause zum festlich gedeckten Ostertisch, wo gleich mit der ganzen Familie das Osteressen mit dem traditionellen und unverzichtbaren *frito de cordero* begonnen wird.

Die Kinder gehen zum Osterfest natürlich nicht leer aus, denn sie bekommen von der *madrina* oder dem *padrino* eines der zauberhaften Schokoladenkunstwerke

geschenkt, die sie schon eine Weile in den Schaufenstern der Konditoreien bewundert haben. Sie heißen
monas de pascua, stellen Häuschen, Eier oder Schiffe
dar, und manchmal sogar den Osterhasen, der aber auf
Mallorca ganz eindeutig zum *conejo* mutiert ist und
auch so genannt wird.

Von meinem Mann

Jemand, der in meinem Manuskript gelesen hat, meinte einmal, mein Mann sei ja wohl eher eine Randfigur, da er im Buch kaum vorkommt. Das hat mir doch sehr zu denken gegeben!

Ein Mann auf einer Finca ist unentbehrlich, vor allem, wenn es der Ehemann ist. Man sollte unbedingt einen besitzen. Zur Not findet man gewiß einen im Anzeigenteil eines der drei deutschsprachigen Magazine, die wöchentlich auf Mallorca erscheinen. Man kann ihn zu fast allem gebrauchen. Es fängt bereits damit an, daß man jemanden im Flughafen zum Kofferschleppen hat, der nach der Landung dann auch geduldig am Gepäckband auf die diversen Gepäckstücke wartet und sie auf den Kofferkarren wuchtet. Auch ist er eine große Hilfe beim Auseinanderschrauben der Hundekiste. Der Hund und ich gehen währenddessen schon ein Weilchen draußen spazieren.

Bei der Ankunft im mallorquinischen Heim kümmert er sich sogleich unaufgefordert ums Auto: falls es nicht gleich anspringt, schiebt er es aus der Garage in die wärmende Sonne und wäscht es erst einmal.

Sehr schnell lernt er ein paar Brocken Spanisch und kann deshalb auch ohne weiteres zum Bäcker geschickt werden, um frühmorgens die *panecillos* und eine *ensaimada con albaricoques* für den Nachmittagskaffee zu besorgen. (Wenn er die Zeitung vergessen hat, fährt er gerne ein zweites Mal los – er ißt sein Frühstücksei auch kalt.) Mit der Zeit lernt er auch die Vokabeln für "Hammer" und "Schrauben", für "Hackfleisch" und "Hühnerbeine".

Allerdings geht mein Mann nicht freiwillig alleine zum Markt. Dafür kann ich ihn zur Post schicken, wo er ohne Schwierigkeiten die Telefon- und Stromrechnungen aus unserem Postfach holen kann.

Auch im Haus ist er sehr nützlich. Dank seiner Fähigkeiten mußte ich bis heute nicht lernen, mit einer Bohrmaschine umzugehen.

Er kann sehr gut Glühbirnen auswechseln, was ich ihm gerne überlassse, da man dabei manchmal einen elektrischen Schlag erhält. (Der Elektriker sagt, er könne nichts dafür.)

Inzwischen weiß er auch, daß man das Brot draußen auf der Mauer schneiden muß, damit wir nicht die Ameisen im Haus haben, die über die Krümel herfallen. Deswegen wagt er auch kaum noch, sich Zucker in den Kaffee zu nehmen.

In der Hauptsache ist er aber für außerhäusliche Arbeiten zuständig: Hof kehren, Blumentöpfe mit Erde befüllen und sie an die richtige Stelle schleppen, Pflanzlöcher ausheben, Bewässerungsschläuche verlegen und den Grill in Gang bringen, macht er gerne. Steine heranschleppen weniger; das delegiert er vorzugsweise an seine Söhne oder lieben Besuch.

Keiner kann so gut wie er den Pool sauber halten und den Müll wegbringen.

Er hat auch nichts dagegen, stundenlang und geduldig Millionen von Schnecken abzusammeln, die sich in dichten Trauben an jedem noch so kleinen Zweig der Oleanderbüsche festgesetzt haben. Leider darf er die Früchte seiner Arbeit nicht genießen, da mir keine Schnecke in die Küche kommt. Und nur sein guter Charakter sowie die Furcht vor Verlust von Freundschaft halten ihn davon ab, meinem Vorschlag zu folgen und die Moluskensammlung im Garten von etwas weiter entfernt wohnenden Freunden heimlich auszusetzen.

Er kann es kaum abwarten, bis das Frühjahr wiederkehrt: da streicht er immer mit Begeisterung die Persiannas, damit sie im Sommer vorm Austrocknen geschützt sind. Wenn es ihm dabei zu heiß wird, hängt er sich ein nasses Handtuch über den Kopf.

Und im Herbst stapelt er ohne zu murren die tausend Kilogramm Brennholz für den Winter an die Längswand der Garage – schön sortiert in kleine leña-Scheite zum Anbrennen und größere für den Dauerbrand. Falls es einer Ratte gelingt, im Holz versteckt ihr Nest zu bauen, zieht er sich Stiefel und Jacke an, greift zum Besen und jagt sie hinaus.

Mein Mann ist auch für die Gasflaschen zuständig.

Schließlich haben sie sogar im leeren Zustand ein nicht unerhebliches Gewicht. Wie jeder weiß, stellen die Einheimischen zweimal in der Woche ihre leeren Butangasflaschen vor die Haustür an die Straße, zusammen mit dem Geld für die vollen. Die werden dann anstandslos ausgetauscht. Das haben wir ihnen nur ein einziges Mal nachgemacht. Unsere Straße ist ungefähr hundert Schritt vom Haus entfernt, und als wir nach einer Weile unsere ausgewechselten vollen Flaschen wieder hereinholen wollten, waren keine mehr da. Einfach weg, zusammen mit dem Geld! Seitdem fährt mein Mann an den Tauschtagen mit den leeren Flaschen im Kofferraum in den Ort, um den *camión* mit der orangefarbenen Fracht ausfindig zu machen. Nach einigen Umrundungen des Ortskerns findet er ihn dann meist in einer der Seitenstraßen neben einer Bar. Davor muß er dann nur so lange warten, bis der Fahrer seine *ensaimada* gegessen und den *café con leche* getrunken hat.

Zur Zeit macht es ihn noch glücklich, mich auf meiner Luftmatratze aufs Meer hinauszuschieben, mir danach das Handtuch zu reichen und mir den Rücken einzuölen. Auch macht es ihm nichts aus, sich in die Warteschlange des Strandcafés zu stellen, um mir ein Eis zu holen. Dafür darf er dann immer schon eine Woche vor mir nach Deutschland zurückfliegen, da ich mich ja auch noch ein bißchen erholen muß.

Manchmal wird mein Mann von *Juan* zum Angeln eingeladen. Da muß er sich dann schon frühmorgens, ohne gefrühstückt zu haben, an *Juans* Bootsgarage in der nahegelegenen Bucht einfinden. Gott sei Dank ist das Angeln an sich eine recht schweigsame Angelegenheit – das kommt meinem Mann sehr entgegen.

Für das Allernotwendigste, was dabei gesprochen werden muß, kramt *Juan* sein ganzes Restaurant-Deutsch und Immobilien-Vokabular zusammen. Zu meinem Leidwesen kommt *Juan* mit seiner Frau an diesen Tagen am Abend bei uns vorbei, um den reichen Tintenfischfang mit uns gemeinsam zu verzehren. Die Gummitierchen sind schon fein säuberlich ausgenommen, und mein Mann muß sie nur noch grillen. Damit sie schmecken, hat *Catalina* einen großen Topf *picadillo* mitgebracht, was hierzulande über jedem gegrillten Fisch großzügig verteilt wird.

Am Mittag darf sich mein Mann gern mal ein Stündchen ausruhen und er kriegt auch genügend zu essen. Allerdings wird ihm von mir der Wein rationiert. Und die Pfirsichlikör-Flasche behalte ich auch im Auge. Aber ich muß aufpassen, sonst flüchtet er sich noch eines Tages in die Bar am Platz zu den mallorquinischen Ehemännern, die sich dort regelmäßig treffen. Was sie sich wohl erzählen? Doch das wird wohl noch eine Weile dauern, denn dafür müßte er erst noch einen Sprachkurs belegen. Den Wunsch dazu verspürt er indessen schon lange, da ich dazu neige, etliches, was er an vermeintlich witzigen Bemerkungen im Gespräch mit mallorquinischen Freunden von sich gibt, durch meine Zensur gehen zu lassen und es einfach nicht zu übersetzen.

Von der Sprache

Ich glaube, ich habe es schon erwähnt: auf Mallorca spricht man *mallorquín*, einen Dialekt des Katalanischen, eigenständig in Wort und Schrift, eine gutturale Mischung aus Spanisch, Französisch und Arabisch.

Jedenfalls tut man dies immer dann, wenn die von Geburt an rechtmäßigen Einwohner dieser Insel unter sich sind. Und das sind sie, erstaunlicherweise noch recht häufig, trotz der Invasion der vielen Fremden. Nun ja, auch wenn es manchmal so scheint, als sei Mallorca ein kleiner Kontinent für sich, so gehört die Insel natürlich zu Spanien, und Spanisch, beziehungsweise Kastilisch, ist zweite Amtssprache. So weit, so gut.

Die ältere Generation der Landbevölkerung allerdings spricht meist nur *mallorquín*, da sie in ihrer Jugend kaum die Gelegenheit hatte, zur Schule zu gehen. Dann kam die Franco-Zeit und damit die Ächtung des *mallorquín*. Spanisch wurde obligatorisch, was die Einheimischen jedoch nicht davon abhielt, hinter verschlossenen Türen um so lauter in ihrer Sprache zu palavern. Der Reiz des Verbotenen: Jetzt erst recht!

Aber ach, auch alle Ortsnamen und Straßennamen und Wegweiser wurden unter Franco der ungeliebten "Halbinsel-Sprache" angepaßt und unterdrückten sichtbar den eigenständigen Charakter Mallorcas und damit das besondere Identitätsgefühl der Inselbewohner.

Und so muß es auch niemanden verwundern, daß nach und nach, als endlich die Demokratie zurückgekehrt war, alle Schilder zunächst ganz unorthodox überpinselt und alsbald durch neue mit den ursprünglichen mallorquinischen Bezeichnungen ersetzt wurden.

Damals, als das Kastilische, das Hochspanische, einge-
führt wurde, gab es indessen einen Teil der Bevölkerung, der urplötzlich den mallorquinischen Dialekt als
unfein und das Kastilische als sehr viel eleganter emp-
fand und mit erhobener Nase lieber "*buenos días*" als
"*bon día*" sagte. Aber das ist lange her, und die Mallorquiner benutzen heute wieder stolz ihre Sprache, lesen
ebenso die Zeitung in *mallorquín*, sehen und hören ihre
eigenen mallorquinischen Programme in Fernsehen und
Radio. Der Strand heißt wieder *platja* und nicht mehr
playa und der Weg dorthin ist der *camí* und nicht mehr
der *camino*.

Für den Fremden, der zuhause fleißig seinen Volks-hochschul-Kurs besucht hat und nicht selten mit viel Mühe Spanisch lernt, stiftet das natürlich Verwirrung. Die ist jedoch nicht von langer Dauer, denn nun sitzt er in einem typisch mallorquinischen Restaurant mit ein-zigartigem Blick auf den Sonnenuntergang über dem Mittelmeer. Nachdem er die dreisprachige Speisekarte selbstbewußt auf der spanischen Seite aufgeschlagen und gelesen hat, nimmt er seinen ganzen Mut zusam-men und fragt: "*Que puede recomendarme hoy*?" ("Was können Sie mir heute empfehlen?").

"Heute gibt es Zackenbarsch vom Grill oder Seezunge mit Gemüse der Saison – oder wollen Sie lieber Fleisch? Wir haben Wiener Schnitzel mit Kartoffeln und ...", kommt es flüssig auf Deutsch und mit kaum hörbarem Akzent vom freundlichen Kellner.

Oh, alles klar – auf Mallorca spricht man Deutsch, wie angenehm!

Bei der Volkshochschule meldet man sich daraufhin ab, und das Wörterbuch kommt ganz hinten ins Regal. Auch die vielen kleinen Schilder fallen auf: "Man spricht Deutsch" oder "Heute frische Erdbeertorte mit Schlagsahne" oder "Ihr deutscher Frisör".

Im Anzeigenteil der deutschsprachigen Magazine ent-deckt der Leser haufenweise deutsche Klempner, deut-sche Tischler, deutsche Fliesenleger, deutsche Maurer, deutsche Heizungs- und Klimaanlagenbauer, deutsche Weihnachtsgans und -baum-Verkäufer, deutsche Auto-vermieter und deutsche Rechtsberater, deutsche Versi-cherungen und deutsche Wurstwaren und Vollkorn-brot, deutsche Möbelhäuser, deutsche Brauhäuser und Restaurants, deutschen Home-Service; deutsche Clubs und den Verein der Deutschen. Deutsches Herz, was willst du mehr – und als Draufgabe 350 Tage Sonne satt. Und falls man deshalb mal einen Hitzschlag erleiden sollte, hilft selbstverständlich ein deutscher Arzt.

Oh, doch – man spricht auch Spanisch auf Mallorca: Mit den netten einheimischen Nachbarn vom neuerdings so beliebten Stadthaus und mit der Bäuerin auf dem Markt, die die besten Landeier und eingelegten Kapern hat. Mit den Männern von *Repsol*, die alle fünf Jahre die Gasflaschenschläuche kontrollieren, damit es kein Unglück gibt. Mit dem Techniker der Telefongesellschaft, der die Faxleitung legt. Mit dem Mann von der GESA, damit er keinen neuen Strommast neben der Einfahrt errichtet. Mit der Schlachtersfrau, die einem so geschickt die Hammelkeule entbeint und mit dem Besitzer des Weinguts, der sich freut, wenn man seinen besten Tropfen erkennt.

Es ist sicherlich nicht verkehrt, *mallorquín* zu lernen, schon, um der Mentalität der Inselbewohner näherzukommen. Als allerdings das Thema bei Freunden zur Sprache kam, hieß es: "Wenn die Fremden demnächst auch noch *mallorquín* sprechen, dann wandern wir aus." Anscheinend möchten die Mallorquiner ihre Muttersprache doch noch ein Weilchen für sich allein behalten.

Die mallorquinischen Kinder lernen in der Schule *Mallorquín* und Kastilisch, sie wählen Französisch und Englisch als Fremdsprachen und neuerdings sogar Deutsch, letzteres bislang noch auf freiwilliger Basis.

Ob Deutsch wohl noch eines Tages zum Pflichtfach wird?

Vom Wasser

Auf Mallorca gibt es scheinbar nicht allzu viel Süßwasser. Denn die Insel hat keine Flüsse, nur *torrentes*, meist trockene Wasserläufe, durch die nach Regenfällen das Wasser zu Tal stürzt. Mit Ende der Niederschläge versiegt das Wasser binnen Stunden; nach wenigen Tagen finden sich nur noch kleine Tümpel.

Zwar existieren in den Bergen einige Stauseen und Reservoirs, aber der Regen reichte in den letzten Jahren selbst im Winter nicht, um sie zu füllen; im Sommer sinkt der Pegel regelmäßig auf ein Minimum. Zeitweise wurde sogar teures Ebro-Wasser vom spanischen Festland per Tankschiff nach Mallorca transportiert. Seit einiger Zeit ist nun immerhin bei Palma eine Meerwasserentsalzungsanlage in Betrieb.

Dabei hat man eigentlich Wasser genug auf der Insel:

Das "Stadtwasser", das normalerweise aus dem Wasserhahn kommt, hat seinen Ursprung überwiegend in städtischen Tiefbrunnen, teilweise auch in Quellen. Für den Wasserverkauf besitzt irgendjemand eine offizielle Lizenz. Meist ist das eine Frau, die in ihrer freien Zeit aufpaßt, daß jeder Bewohner "ihres" Bezirks der Verpflichtung nachkommt, eine entsprechende Leitung legen zu lassen und nur Stadtwasser zu beziehen.

Stadtwasser ist meist ziemlich chlorhaltig, kalkig, salzig und teuer. Man kann es kaum gebrauchen: zum Kochen taugt es nicht, die Pflanzen mögen es nicht und die Waschmaschine geht davon kaputt.

Glücklich ist, wer einen eigenen Brunnen besitzt oder zumindest sich vom Bauern nebenan, der immer einen hat, eine Leitung – mit eigenem Zähler, versteht sich – hat legen lassen. Der Bauer verkauft das Brunnenwasser meist gerne und günstig. Leider hat er in den seltensten Fällen eine Genehmigung dafür, und der Lizenznehmer vom städtischen Brunnen kommt garantiert irgendwann dahinter.

So war es auch bei uns. Es blieb uns nichts anderes übrig, als von da an Stadtwasser zu kaufen; allerdings nutzten wir es hauptsächlich zum Autowaschen, was nicht oft vorkam, und unser Stadtwasserzähler drehte sich nur selten und langsam. Die dicke schwarze Plastikleitung zum Nachbarn blieb, versteckt unter Erde und Buschwerk, zunächst einmal unangetastet. Seine Frau kam einmal im Jahr mit der Wasserrechnung. Wenn sie sich unserem Haus näherte, rief sie schon von weitem "*se puede*?" ("kann man kommen?") und wiederholte es bei jedem Schritt so lange, bis wir sie hörten. Begleitet von ihrem kleinen Hund und mit einem Eimer voll frischer Hühnereier in der Hand präsentierte sie uns dann einen kleinen abgerissenen Zettel, auf dem fein säuberlich die alten Zählerstände und der aktuelle notiert waren. Nachdem sie uns dann noch ihre ganze Lebensgeschichte erzählt und sich dabei mal wieder über ihren nichtsnutzigen (weil nicht aus unserem Dorf stammenden) Schwiegersohn ausgelassen hatte, machte sie sich mit dem Wassergeld wieder auf den Heimweg.

Wie kostbar dieses Wasser war, wurde uns an einem Tag klar, als etwas Merkwürdiges passierte: mit einem dicken Strauß Pfauenfedern in der Hand, die ihr *pavo real* abgeworfen hatte, legte die Nachbarin uns eine immens hohe Wasserrechnung vor, mit der Erklärung, ihr Brunnenwasser würde auf dem Weg zu uns in der Nacht, wenn der Druck in der öffentlichen Wasserleitung gering sei, logischerweise dorthinein verschwinden und in den städtischen Brunnen einfließen. Deshalb hätten wir nun dort ein Guthaben, das wir nur geltend machen müßten. Als Beweis besäßen wir ja ihren Zählerstand.

Seitdem verzichten wir aufs bäuerliche Naß und beschränken uns auf das so mysteriös aufgewertete Stadtwasser – obwohl die beiden Leitungssysteme total voneinander getrennt sind.

Das Beste überhaupt ist eine große Zisterne am Haus. Gründlich gereinigt und gut abgedeckt sammelt sich in ihr das von überall her sprudelnde Regenwasser – wenn es denn einmal regnet. Man muß nur zusehen, daß man rechtzeitig vor dem ersten Regenguß sämtliche Zuläufe verstöpselt, damit weder die dicke Sommerstaubschicht noch die Reste der verwesten Amsel, die schon seit einem halben Jahr auf den Dachziegeln klebt, zusammen mit dem Rattendreck ins Trinkwasser gespült werden. Doch das ist uns bisher eigentlich noch nie gelungen.

Die Einheimischen behaupten, Regenwasser sei das beste Wasser, noch dazu kostenlos, und sie benutzen es auch zum Kochen. Sie halten es mit *cal viva* keimfrei, der in einem Körbchen auf den Grund der Zisterne hinabgelassen wird. Ab und zu bringen sie jedoch eine kleine Wasserprobe zur Analyse in die Apotheke; spätestens dann, wenn ein Familienmitglied häufiger als üblich die Toilette aufsuchen muß.

Unsere mallorquinischen Freunde besitzen zwei kleine Teiche in ihrem Paradiesgarten; der eine ist mit eigenem Brunnenwasser gefüllt und der andere mit Regenwasser aus der Zisterne. Das Wasser des ersten Teichs ist grün, das des zweiten bleibt immer klar!

Nie werden sie uns Ausländer verstehen, die wir zum Regenwasser ein gestörtes Verhältnis haben und den Zisterneninhalt lieber zum Blumengießen vergeuden und dafür Trinkwasser in 5-Liter Kanistern im nächsten Supermarkt kaufen.

Diese vierte Sorte Wasser stammt aus diversen Quellen in den Bergen der *Serra Tramuntana*. Ganze Batterien von 5-Liter-Plastikkanistern – in unterschiedlichstem Design und mit schönen Etiketten – stehen im Supermarkt für die *extranjeros* bereit, die mit der ganzen Familie zum Einkaufen fahren, nur um genügend Hände für die Kanister-Schlepperei zu haben.

Manchmal kommt es vor, daß aus unerfindlichen und später nicht nachvollziehbaren Gründen der 80-Liter Wasserboiler ausläuft, der sich meist in einer kleinen Abseite mitten im Haus befindet. Dann ist es gut, wenn die Türen nicht fest schließen und die Haustür keine Schwelle nach draußen hat. Erfahrene Architekten legen von vornherein ein Wasserboiler-Auslaufgefälle im Fußboden an. Leider wird vom heißen Wasser die Versiegelung der Terrakottafliesen großflächig aufgelöst.

Sparsamkeit mit dem kostbaren Naß ist oberstes Gebot für jeden Fincabesitzer – besonders in den Sommermonaten, wenn es nicht regnet. Ist sein Haus eventuell nicht ans öffentliche Abwassernetz angeschlossen, hat er einen weiteren triftigen Grund, Wasser zu sparen wo er kann, möglichst selten zu duschen und den Inhalt des Toilettenwasserkastens mit einem großen Stein zu reduzieren: Die Sickergrube läuft sonst nämlich viel zu schnell voll.

Der grüne Pool

Blauglitzernd liegt er in der Sonne und lädt zum erfrischenden Bad ein. In den meisten Fällen ist er hellblau gekachelt, am oberen Rand manchmal mit einem hübschen Fliesenband verziert und, hat man sich nicht selbst ausdrücklich um sein Dekor gekümmert, ziert ihn am Grund in der Mitte ein dunkelblaues Kreuz.

Der Grund ist uns nicht ganz klar, wir vermuten allerdings, daß ein religiöser Bezug zum reinigenden Bad die Ursache dafür sein muß. Vielleicht soll es uns aber nur vorm Ertrinken bewahren und manchmal traue ich mich deshalb ohne meine Luftmatratze hinein. Allerdings nur bis zur Mitte.

Einen Pool sein eigen zu nennen, ist eine feine Sache, zumal seine Handhabung und Pflege ganz einfach sind.

Würden nicht ständig meerwassersalzverkrustete Familienmitglieder mit dem halben Strand an den Füßen und in der Badehose ungeduscht hineinspringen, um sich im weichen Süßwasser des Pools zu tummeln und dabei ein paar Hektoliter herausplanschen, müßte man nur ab und zu mit dem Kescher ein paar unbedeutende Blütenblätter oder Piniennadeln abfischen. Nun gut, einmal in der Woche muß auch mit einem eigens dafür konstruierten Sauger der Grund abgezogen werden, um das bißchen Schwebstaub vom Feld, der sich als rotes Sediment abgesetzt hat, sowie ein paar Wasserspinnen aufzusaugen. Auch Chlortabletten sind regelmäßig nachzufüllen, wobei man dann ganz leicht die ertrunkenen Mäuse und Geckos aus dem Chlorsieb sammeln kann.

Von Zeit zu Zeit muß man die gesamte Umwälzanlage zwecks Spülung des Systems rückwärts laufen lassen. Theoretisch könnte die dabei abgepumpte Wassermenge wunderbar zur Gartenbewässerung verwendet werden. Seltsamerweise gibt es aber stets vorher heftige Regengüsse, die nicht nur jedesmal den Pool bis zum Überlaufen anfüllen, sondern auch den Garten drumherum unter Wasser setzen.

Nicht nur uns, sondern auch vielen Tieren bietet unser Pool Labsal und Erquickung. Sämtliche Insekten aus der Umgebung lassen sich auf seiner glatten Oberfläche nieder, vor allem auf Wespen übt er eine besondere Anziehungskraft aus. Das bedeutet aber am Tag für die Schwalben und bei hereinbrechender Dunkelheit für die Fledermäuse einen stets reich gedeckten Tisch. Auch die Katzen beugen sich tief über den Rand, um aus dem Pool zu trinken. Er ist für alle eine wahre Quelle der Freude. Seine zweite Stufe, die schon genügend tief im

Wasser liegt, eignet sich hervorragend zum Wässern des tönernen Weinkühlers, und über Nacht für die noch neue Kollektion der *greixoneiras* vorm ersten Gebrauch. Damit sie in der Dunkelheit von keinem Erfrischungs-suchenden zertreten werden, ist wahrscheinlich die Poolbeleuchtung erfunden worden.

Allerdings, ein Gespenst geht um – und es ist grün.

Man hört es nicht, man sieht es nicht, doch plötzlich ist es da und erschreckt unseren Poolbesitzer zu Tode..

Der Pool ist auf einmal grün! Dunkelgrün. Viel besser als in seinem kristallblauen Zustand paßt er sich nun der ländlichen Umgebung an, und ein Entenpärchen hätte seine helle Freude daran.

Wie konnte das denn passieren? Der Poolmann ist schuld! Er hat sich in des Eigentümers Abwesenheit nicht richtig gekümmert! Obwohl doch kaum etwas zu tun war, alles vollautomatisch!

Der gute Mann kann seine Unschuld noch so sehr be-teuern, man glaubt ihm einfach nicht.

Nun wird eimerweise teures Chlor in die grüne Grütze geschüttet, und dazu noch Anti-Algen-Pulver. Die Um-wälzpumpe läuft Tag und Nacht und treibt die Strom-rechnung in schwindelnde Höhen.Es nützt nichts, die grüne Brühe muß raus, koste es, was es wolle.

Es kostet vor allem viel Zeit und Geduld, bis all die hunderttausend schwarz gewordenen Fugen zwischen den himmelblauen Kacheln geschrubbt und wieder halbwegs weiß sind. Da haben schon ganze Familien mehr oder weniger freiwillig ihre Ferien im trockenen Pool verbracht und dabei beschlossen, vorm nächsten Sommer kein frisches Wasser mehr einzulassen.

Am Strand

Bevor der Fincabesitzer ein Fincabesitzer wurde, fand man ihn im Sommer meist am Strand. Wo sollte er auch sonst hin?

Den ganzen Tag am Hotelpool zu liegen, war ohnehin nicht sein Ding, und das Becken vor der gemieteten Ferienwohnung war erstens zu klein und zweitens schon voller anderer Ferienwohnungsmieter. Der Pool bei den Freunden, die ihn eingeladen hatten, war da schon besser, aber da konnte er sich, was er ziemlich schnell merkte, nicht gut über längere Zeit aufhalten. Freundschaft braucht auch mal eine Pause.

Für Ausflüge war es zu heiß, also ging er zum Strand.

Schon vormittags war er da, suchte sich ein schönes Plätzchen im Schatten oder eine Liege mit Schirm, genoß das Baden im Meer und bräunte sich ausgiebig von allen Seiten.

Am Mittag, wenn es am heißesten war, flüchtete er in den Schatten des Strandrestaurants, aß vielleicht eine Kleinigkeit, las ein bißchen, später dann noch ein Eis und pünktlich um vier Uhr Kaffee und Kuchen.

So gegen fünf packte er seine Siebensachen, zuckelte sandig und klebrig zum Parkplatz, wo die Hitze im Auto – das dort den ganzen Tag in der Sonne gestanden hatte und nun durchaus dem Vergleich mit einem Brutofen standhielt – fast unerträglich war, so daß er, zu Hause angekommen, zuerst unter die Dusche und dann für ein Stündchen ins Bett stieg. Der Rest des Tages ging für Sonnenbrandpflege und allabendliches Styling drauf, um für Abendessen und anschließendes Promenieren gut gerüstet zu sein.

Aber dann ist auf einmal alles anders. Plötzlich ist er Fincabesitzer, und einen eigenen Pool hat er auch. Ganz ohne Sand an den Füßen oder in der Badehose – denn die zieht er erst gar nicht an – labt er sich am kühlen Naß, leise vor sich hin plätschernd und mit geschlossenen Augen dem Zirpen der Zikaden lauschend. Im kühlen Schatten der Terrasse wartet bereits ein erfrischender Drink, verziert mit einem Stückchen Zitrone vom eigenen Baum.

Zur Mittagszeit hält er von nun an zwei Stunden *Siesta*, mindestens, denn das tun die Einheimischen auch.

Und außerdem kommt ja sowieso keiner. Falls aber doch einmal jemand seine heilige Mittagsruhe stört, kann es nur ein Deutscher sein – und dem würde man das schon noch austreiben.

Herrlich, diese Ruhe, einfach himmlisch. Aber das hält der Mensch auf die Dauer nicht aus, und wenn es nicht gerade ein Markttag ist, an dem er seinen Unterhaltungsbedarf bereits am Vormittag hat decken können, zieht es auch unseren Fincabesitzer wieder unter die Leute – und die sind im Sommer alle am Strand.

Aber inzwischen ist er nicht nur Fincabesitzer, sondern auch mindestens ein halber Spanier geworden, und die gehen in der Sommerhitze zur Mittagszeit nun mal nicht aus dem Haus. Vor fünf Uhr nachmittags macht man sich deshalb gar nicht erst auf den Weg. Außerdem sind sie am späten Nachmittag endlich unter sich – die Spanier und die Fincabesitzer.

Man merkt es gleich. Der Strand ist nicht mehr so voll, die Leute mit dem krebsroten Sonnenbrand sind schon weg, die mit Kühltaschen und Gummikrokodilen und Sonnenschirmchen und Strandklappstühlchen ebenfalls.

Auch die lästigen Beachball-Spieler, die in Zweierreihen die Wasserlinie versperren (so etwas würden w i r nie tun!), haben ihre Holzschläger mit dem "Mallorca"-Aufdruck eingepackt, und kein neongrüner Gummiball spritzt einem eine Wasserfontäne ins Gesicht.

Lässig, nur mit einem Handtuch und dem wasserdichten Schlüsseltäschchen bewaffnet, in dem gerade eben noch drei Hundertpesetenstücke für den *cortado* danach Platz haben, geht er geradewegs ins Meer. Kein Tretboot durchkreuzt mehr seine Bahn, kein Tourist springt mit lautem Gejuchze von der Wasserrutsche der Badeinsel direkt vor seine Nase, wenn er nun mit ruhigen Zügen in seine Bucht hinausschwimmt.

Jawohl, seine, denn er ist ja nun zu jeder Jahreszeit hier, auch im Winter, und da gehört ihm der Strand schließlich fast alleine – ihm und den anderen paar Spaniern.

Die Residentenfrau

Das Leben der Residentenfrau auf einer Finca ist leicht. Die ganze Arbeit macht schließlich ihr Ehemann, der Fincabesitzer. Das gibt ihr die Möglichkeit, sich schon am frühen Vormittag ein halbschattiges Plätzchen zu suchen, wo sie dann entspannt und mit geschlossenen Augenlidern ein bißchen darüber nachdenken kann, womit sie heute am besten ihre Zeit sinnvoll verbringen könnte. Die Nachbarsfrau geht dabei immer im Geiste den Einkaufszettel durch, den sie an Markttagen ihrem Ehemann mitgeben wird. Ihr ist es gelungen, ihn allein zum Einkaufen zu schicken. Wir treffen ihn regelmäßig am Gemüsestand zusammen mit dem Bürgermeister, beide schwer beladen mit ihren mallorquinischen Henkelkörben. Daran muß ich noch arbeiten, und ich werde meine Nachbarin bei Gelegenheit noch einmal fragen, wie sie es genau angestellt hat.

Während ich nun so vor mich hindöse, überlege ich mir, ob es sich lohnen würde, schon heute am späten Nachmittag mit meiner neuen Ameisenbekämpfungsstrategie zu beginnen. Aber da fällt mir ein, daß mein Mann mich jedesmal ein hysterisches Frauenzimmer nennt, sobald ich die erste Ameise mit ihren Vorderbeinen unsere Türschwelle erklimmen sehe. Irgendwie hat er ja recht – und wenn ich noch stärker kurzsichtig wäre, würde ich sie gar nicht bemerken können. Außerdem machen ihm ein paar Ameisen im Essen nichts aus, wie er immer wieder betont.

Vielleicht könnte ich stattdessen endlich einmal wieder in die nahe Gärtnerei fahren, weil ich schon lange auf der Suche nach *hierbaloísa* bin, einem Kraut, das einen wunderbar diuretischen (harntreibenden) Tee ergibt.

Um die getrockneten Teeblätter auf dem Markt der nächsten Kleinstadt zu erstehen, nehme ich bislang weite Wege in Kauf. Meine Schwiegermutter ist leider auch schon auf den Geschmack gekommen und benötigt nun größere Mengen für sich und ihre diversen Freundinnen.

"Liebster, könntest du mal eben deine Persiannastreicherei unterbrechen und mir das Gartenbuch bringen?", rufe ich mit leicht erhobener Stimme in die Richtung, wo ich meinen Mann bei der Arbeit vermute. Seit einiger Zeit nämlich besitze ich, wie die anderen Fincabesitzerinnen auch, ein wunderschönes Gartenbuch, das die allermeisten mediterranen Pflanzen beschreibt, und in dem ich immer wieder gern lese. Wenn der Gärtner mich und meinesgleichen mit dem Buch unterm Arm das Tor der Gärtnerei passieren sieht, sucht er – sofern ihm noch Zeit bleibt – schnell Deckung hinter seinen größten Oleanderbüschen. Er und ich haben heute Glück: es ist gerade die denkbar ungünstigste Zeit zum Pflanzen, das habe ich soeben gelesen.

Na, dann will ich mich doch mal zur Abwechslung ein bißchen im Pool kühlen; es ist aber auch wirklich sehr heiß heute. Vorsichtig steige ich die Stufen hinab ins kühle Naß unseres Pools, behalte das blaue Kreuz an seinem Grund scharf im Auge und tauche mich einen Augenblick bis zum Hals unter. Dabei gehe ich tief in die Knie, da ich mich nur auf der flachen Seite des Beckens dem ungeliebten Element anvertraue.

Meine blaue Luftmatratze hat vorhin der Wind gerade zum x-ten Mal in die lanzenspitzen Stacheln der Agave getrieben, was mich leider davon absehen läßt, auf dem Wasser ein bißchen hin und her zu dümpeln.

Während die Julisonne die letzten Wassertropfen auf meinem Rücken aufleckt, geht mir so durch den Sinn, daß es mal wieder an der Zeit wäre, ein bißchen kreativ zu sein.

Weil ich nämlich zuverlässig Blau von Grün unterscheiden und auch ohne nennenswerte Anstrengung einen Pinsel in der Hand halten kann, stelle ich mich gelegentlich vor meine Staffelei, um die Schönheit Mallorcas einzufangen. Ich habe gehört, daß sich auch andere Residentenfrauen so die Zeit vertreiben – das ist auf der Insel des Lichts nicht weiter verwunderlich, da haben schon ganz andere gemalt!

Die Gelegenheit wäre heute günstig; schließlich hat vorhin mein Mann nach längerem Herumsuchen die Flasche mit dem Pinselreiniger gefunden!

Ich muß nur zusehen, daß mir das Licht nicht entschwindet, das ist von großer Bedeutung, und vielleicht gelingt es mir sogar eines Tages, es einzufangen. Aber zur Zeit beschränke ich mich noch auf die Farben, das ist schon schwierig genug.

Wenn ich meine Kreativitätsanfälle überhaupt nicht unterdrücken kann, bearbeite ich gelegentlich Bruchsteine mit dem Steinmeißel und einer groben Feile – bisher sind dabei lediglich zwei katzenähnliche Tiere herausgekommen.

Ich habe während solcher Anfälle auch schon leere Schneckenhäuser gesammelt und einen alten Blumenkübel damit beklebt, sozusagen zur Abschreckung!

Die Sommermonate verbringe ich meist sehr geruhsam. Dabei sammele ich all meine Kräfte für die drei Wintermonate. Da werde ich sehr aktiv. In den letzten Tagen des Dezember muß ich zusehen, daß ich einen der schönen Kalender, die in unserer Bankfiliale gratis ausliegen, ergattere. Da gilt es, schnell zu sein, sonst bekommt man nur einen in mallorquinischer Sprache ab. Die Kalender mit Monatsnamen in feinstem Hochspanisch haben sich sonst schon Touristen beim Geldwechseln unter den Nagel gerissen! Wenn ich es geschickt anstelle, kann ich mir unauffällig zwei Exemplare zusammengerollt unter den Arm klemmen.

In der kühleren Winterzeit besuche ich gerne mal Mallorcas Hauptstadt. Auch wenn jede Fahrt über eine Entfernung von mehr als 50 Kilometern für den echten Mallorquiner eine Reise bedeutet, zieht es mich ab und an unwiderstehlich nach Palma. Da überlege ich mir vorher sehr genau meine Abfahrtszeit, weil die meisten und schönsten Geschäfte von 13 bis 17 Uhr geschlossen haben. Warum mein Mann mich niemals zum Bummeln nach Palma begleitet, ist mir bis heute ein Rätsel – immerhin habe ich im Lauf der Jahre schon sämtliche Bars und Cafés in und um Palmas Altstadt kennengelernt. Einige sind echte, in jedem Reiseführer erwähnte Sehenswürdigkeiten. Ich weiß deshalb, wo der Kaffee und die Toiletten besonders gut sind.

Gern stehe ich auch bei der Kathedrale und bewundere die Brautpaare mit ihren Fotografen davor. Manchmal, das heißt, immer aber, wenn wir Besuch haben, begleitet mich mein Mann nach Palma – zusammen mit dem Besuch. Da kommen wir dann so ungefähr zehn Minuten vor Geschäftsschluß an, was mir und dem Besuch Gelegenheit gibt, mindestens zwei nebeneinanderliegende Läden im Eilschritt zu durchmessen und das Angebot kurz zu sichten. Mein Mann wartet derweil ungeduldig vor der Tür und steuert dann sofort mit uns eine spezielle Tapas-Bar in einer kleinen Seitenstraße an. Die ist meistens überfüllt – da ebenfalls in jedem Reiseführer erwähnt – und wird trotzdem gern von fußmüden Mallorquinerinnen nach der Einkaufstour besucht. Bisher haben wir dennoch immer – nach angemessener Wartezeit – einen Tisch bekommen, wo wir dann dreimal hintereinander Tapas bestellen; jedenfalls so lange, bis wir satt sind. Das ist je nach Besuch unterschiedlich.

Anschließend geht es nur ein paar Schritte um die Ecke, wo wir an einer größeren eisenbeschlagenen Holztür um Einlaß bitten. Obwohl sich unsere Besucher sehr voneinander unterscheiden, wurden wir bisher noch jedesmal in diese – Palmas berühmteste – Nachtbar eingelassen. Das ist keineswegs selbstverständlich, da sie

*Mallorquinisches
Landhaus (Finca)*

Cala S`Almunia

Feldarbeit

*In der Bucht
von Porto Colóm*

Porto Petro

Steinofen

Die einäugige Katze

Pfarrhof

*Windenergie
zum Wasserpumpen*

*Finca im
Inselinneren*

Cala Santanyi

Porto Petro

Cala Llombards

typischer
Hauseingang

Cala Figuera

Mallorquinische
Windmühle

dort seit einigen Jahren einen Türsteher haben. Früher durfte jeder kurzbehoste Tourist mit der Kamera vorm Bauch und drei kleinen Kindern an der Hand einmal durch den ganzen Stadtpalast schlendern, treppauf und treppab, bevor er sich wieder, noch geblendet von der barocken Fülle und halb taub von den klassischen Klängen, zurück auf die Straße begab.

Da wir immer zu den ersten Gästen gehören, finden wir stets einen guten Platz an der Bar. Von da aus kann ich mich dann für ein paar Stunden so richtig satt sehen an den grandiosen Blumengebinden, die überall im Raum verteilt sind, an den wie aus einem überdimensionalen Füllhorn auf den Fußboden hingegossenen Früchten – alles golden überhaucht vom flackernden Kerzenlicht. Weihrauchschwaden schwängern die Luft, und Vogelgezwitscher legt sich wie vielstimmige Obertöne auf die Kadenzen der Ouvertüre zum Rosenkavalier und hilft mit, die Gespräche der Leute an den Tischen zu übertönen. Ein Genuß für Auge und Ohr! Und wenn Ravels Bolero für siebzehn lange Minuten erklingt, erschauere ich jedesmal vor Glück.

Mindestens zweimal im Laufe der Nacht suche ich die oberen Gemächer auf, wo auch die Waschräume sind, nur um anschließend gemessenen Schrittes – eine imaginäre Schleppe hinter mir herziehend – langsam die Stufen der langen Treppe hinunterzuschreiten.

Mein Platz auf dem kippeligen Stuhl an der Bar ermöglicht mir einen unverstellten Blick auf die geschmackvoll gekleideten Kellner. Das schönste an ihnen sind die breiten Goldschärpen um ihre Taillen. Einer, der mir schon immer am besten gefällt, hat mir einmal eine Rose und einen weißen Plastikfächer geschenkt. Mein

Mann raubte mir allerdings jede Illusion und bemerkte, beides sei ohne Zweifel im Trinkgeld inbegriffen.

Leider war es mir bisher nicht vergönnt, den Kronprinzen Felipe von Spanien aus nächster Nähe zu erleben, der angeblich des öfteren hier auftauchen soll. Auch nicht, einen der leckeren Cocktails zu probieren, da mir immer schon zu Beginn unseres Barbesuchs die Autoschlüssel anvertraut werden. Daß ich fast nachtblind bin, scheint keinen meiner Mitfahrer zu stören – und einmal durfte ich auf der Heimfahrt dreimal anhalten, um unserem Freund mitfühlend die feuchte Stirn zu halten, während er seine noch fast frischen Getränke dem Straßengraben der Landstraße anvertraute.

Da war ich froh, mich endlich einmal so richtig nützlich machen zu können.

Fiesta

Das wichtigste Ereignis gesellschaftlicher Art findet bei uns im Dorf alljährlich im Juli statt. Da wird unser Schutzheiliger *Sant Jaume*, der Heilige Jakob, gebührend gefeiert.

Nicht nur Fincabesitzer, sondern vor allem die Mallorquiner erwarten das Fest mit großer Vorfreude und unser *Jaime*, dessen persönlicher Schutzpatron geehrt wird, fragt uns schon im Frühjahr, ob wir denn auch diesmal zur *fiesta* im Juli da seien.

Solch ein Schutzheiliger gibt der Bevölkerung Gelegenheit, fünf bis elf Tage lang am Stück zu feiern. Und auch wir können nur selten der Versuchung widerstehen und freuen uns auf die willkommene Abwechslung in der heißen Sommerzeit.

Die Feierlichkeiten beginnen mit einem Erinnerungs- und Bittgottesdienst, gefolgt von täglich drei, vier oder fünf Veranstaltungen der unterschiedlichsten Art: Konzerte des städtischen Orchesters wechseln sich ab mit Foto- und Gemäldeausstellungen, mit Fußballturnieren, Basketball- und Schwimmwettbewerben. Reiterspiele folgen auf Theatervorführungen, Bücherpräsentationen laufen der Ansprache des Bürgermeisters den Rang ab, Folkloretänze locken die Zuschauer von den Malkünsten ihrer Sprößlinge beim Straßenmalwettbewerb für Kinder weg. Kirmesbuden offerieren allerlei Tand und Süßigkeiten. Ehemalige Fußballchampions und die über Neunzigjährigen werden gleichermaßen geehrt. Sofern es gerade nicht genug Neunzigjährige gibt, werden auch schon mal die Achtzigjährigen gefeiert. Unverzichtbar sind die *dimonis i caparrots*, die – angeführt von einem Dudelsackbläser – aus dem Rathaus kommen, dann mit viel Lärm und Getöse durch die Straßen um den Ortskern ziehen und nicht nur den Kindern Vergnügen bereiten. Am eigentlichen Tag des *Sant Jaume* wird ihm zu Ehren eine Heilige Messe in der Kirche gelesen – die scheint recht anstrengend zu sein, denn danach gibt es stets Erfrischungen gratis für alle.

Der sommerlichen Hitze wegen sparen wir uns einen guten Teil der allgemeinen Unterhaltung, denn die Hauptattraktion für uns ist immer die *verbena* auf dem Marktplatz.

Man tut gut daran, sich rechtzeitig vor Bernardos Bar einen Tisch reservieren zu lassen, denn nachts um halb elf, wenn es so langsam losgeht, sind alle Plastikstühle, die aus der Umgebung herangeschafft worden sind und in mehreren Reihen den Marktplatz einkreisen, schon von den Mallorquinern besetzt.

Ich ziehe meinen weitschwingendsten Rock an, schnapp` mir meinen Fächer und klebe mir sicherheitshalber noch ein Hühneraugenpflaster auf den kleinen Zeh – denn heute wollen wir tanzen!

Der Marktplatz ist mit einem Baldachin aus weißen Papiergirlanden geschmückt, und am Eingang erhalten wir jeder von den Damen des Festkomitees eine Wundertüte, deren Inhalt mich jedesmal entzückt: drei Rollen Luftschlangen, eine große Tüte Konfetti, ein Gutschein für ein Eis und ein kleiner Klappfächer aus Papier, bemalt mit chinesischen Singvögeln auf einem Blütenzweig! Auf die Klappfächer bin ich besonders erpicht, weil ich seit Jahren schon eine Wand unseres Schlafzimmers mit ihnen tapeziere. Mein Mann bekommt dafür meine Luftschlangen und ist damit ganz zufrieden. Die Gutscheine fürs Eis verschenken wir neuerdings an die ersten beiden Kinder, die uns begegnen, da

mein Mann einmal die Hälfte des Festes in der Warteschlange vor der Eisbude verbracht hat.

Ach, es ist wieder einmal herrlich! Die zwei Kapellen
spielen abwechselnd die schönste Tanzmusik – jedes
dritte Stück ist ein langsamer Walzer – und es macht
uns besonderes Vergnügen, Seite an Seite mit dem Bür-
germeisterehepaar zu tanzen. Wo kann man das schon?

Leicht transpirierend und ein wenig außer Atem bah-
nen wir uns den Weg durch das Volk zurück zu unserem Tisch; leider habe ich dabei nicht sonderlich auf
die Leute geachtet, denn ich bekomme mal wieder eine
geballte Ladung Konfetti übers Haupt, das mir für den
Rest der Nacht nicht nur im Haar, sondern auch im vor-
deren und hinteren Ausschnitt meines Kleides klebt
und sich erst am frühen Morgen im Badezimmer vom
Körper lösen wird. Es war, wie kann es anders sein, eine
liebe Freundin, die sich erfolgreich von hinten ange-
schlichen hat. Das macht sie jedesmal mit Begeisterung
und diebischer Freude. Die Konfetti-Tüte scheint es ihr
angetan zu haben, und ich werde sie das nächste Mal
fragen, ob sie unsere auch noch haben möchte – im
Tausch gegen zwei Klappfächer natürlich.

Zu unserem Tisch kämpft sich gerade *Bernardos* beleib-
ter Schwiegersohn durch die eng beieinander stehenden
Stühle, ein volles Tablett über die Köpfe balancierend.
Er und seine ganze Familie leisten heute Schwerst-
arbeit, aber Geschäft ist Geschäft – auch wenn zu vor-
gerückter Stunde die Getränke sich von Wein in *agua
sin gas* verwandeln; das trinkt sich zügiger und eignet
sich auch zum Kühlen erhitzter Schläfen.

Zur *Fiesta de Sant Jaume* sind wir immer in netter Gesellschaft; sämtliche Fincabesitzer der Umgebung sind

da und tragen dazu bei, daß das Fest für die Einheimischen, von denen die weitaus meisten sich mit Zuschauen begnügen, eine unterhaltsame Nacht wird. Wir schleppen auch gerne unseren Besuch mit zur *verbena*, damit der mal erlebt, daß die Mallorquiner sich nicht nur auf *siesta*, sondern auch auf *fiesta* verstehen.

Einmal, ein paar Tage vor den Feiern für *Sant Jaume*, fuhr zur heiligen Mittagszeit ein Leihwagen auf unseren Hof, dem ein freundliches Ehepaar entstieg. Wir hätten so ein schönes Haus und ob sie sich mal umschauen dürften. Derart geschmeichelt verzichteten wir selbstredend auf unsere Mittagsruhe und begannen mit einer kleineren Führung durch den Garten.

"Die Aufteilung ihrer Schlafräume gefällt uns besonders gut, auch die Muster der Fliesen ...", nickten sie anerkennend, bedachten aber meine Kaktuslandschaft, meinen ganzen Stolz, nur mit einem flüchtigen Blick.

Man macht immer wieder die Erfahrung, daß andere Leute die eigene Baustelle oder das fast fertige Haus erstaunlich gut kennen, und einen Rundgang durchs Haus konnten wir uns somit sparen.

Ja, sie würden schon eine Weile ein geeignetes Objekt oder Grundstück suchen und ob wir vielleicht jemanden kennen würden, der ihnen behilflich sein könnte? Das konnten wir auf jeden Fall und zogen alle Register: da wurden Grundstücke gezeigt und Baupläne ausgebreitet, Übersetzungs- und Entscheidungshilfe geboten, aber es war nicht so einfach, das Richtige zu finden!

Es waren sehr nette, großzügige Leute, die in der Folgezeit jeden Abend zufällig pünktlich zum Essen erschienen. Ich hatte mir schnell angewöhnt, für zwei Personen mehr einzukaufen und aufzudecken. Sie kamen nie mit leeren Händen, und so hatten wir keine Gelegenheit, ihnen von unserem Wein anzubieten.

Wir luden sie ein, uns zur *verbena* von *Sant Jaume* zu begleiten, und sie sagten freudig zu.

Ich habe diese Nacht in besonderer Erinnerung: ich tanze sehr gerne und besonders gern mit meinem Mann. Hin und wieder auch mit der männlichen Hälfte befreundeter Ehepaare. Diesmal allerdings sollte ich ein Tanzvergnügen der besonderen Art erleben – der neue Finca-Interessent forderte mich freundlich auf und geleitete mich durch die Stuhlreihen zur Mitte des hell erleuchteten Marktplatzes. Dort angelangt legte er auch schon los, zur fetzigen Musik der *Los Javaloyas*, die immerhin auf fünfzig Jahre Erfahrung zurückblicken; er zappelte und schüttelte sich in zuckenden Verrenkungen, ging vorne in die Knie und hinten mit dem Kreuz in Limbo-Manier fast bis auf den Asphalt – ich drehte mich dabei ab und zu einmal um mich selbst, wobei ich, der Heilige Jakob möge es mir verzeihen, die Augen gen Himmel verdrehte und ihn und die Zuschauer um Verzeihung bat.

Huch – was ist das? Da liegt er doch vor mir auf den Knien, die Hände leicht erhoben, in flehend-bittender Geste! Soviel Bewunderung hatte ich lange nicht erlebt – und auch das halbe Dorf kam dabei auf seine Kosten. Ob es sich dabei nicht in erster Linie um ein Stilelement seines ausdrucksvollen Tanzes handelte, blieb indessen ungeklärt.

Wie es mir gelungen ist, ihn wieder auf seine Füße zu zwingen, habe ich vergessen. In guter Erinnerung ist mir allerdings bis heute, daß mir für den Rest der Nacht mein Hühnerauge schwer zu schaffen machte und ich den Herrn gnadenlos seiner Frau überließ. Tja, solch ein

Schutzheiligen-Fest ist schon eine aufregende Sache und gibt den Bewohnern unseres Dorfes immer für längere Zeit Gesprächsstoff.

Schade, daß sie am folgenden Tag abreisen mußten und den krönenden Abschluß unserer *fiesta*, das Feuerwerk am Sportplatz, nicht mehr miterleben konnten, und zu unserem Bedauern haben wir nie wieder etwas von ihnen gehört oder gesehen – nur eine weiß-blaue Keramikschale, die mit Obst gefüllt war, erinnert mich noch an jenes Fest.

Einladungen

Der Fincabesitzer neigt dazu, ein ihm näher bekanntes und geeignet erscheinendes mallorquinisches Ehepaar einmal zu einem richtig gemütlichen,deutschen Nachmittagskaffeekränzchen einzuladen. So gegen halb vier, am Sonntag.

Wenn er Glück hat, kommen seine Kaffeegäste schon um halb fünf.

Während der Wartezeit hat er bereits zweimal frischen Kaffee gekocht und dabei vergeblich versucht, seine Unruhe zu unterdrücken. Ob man sich vielleicht nicht ganz klar ausgedrückt hat? Vielleicht kommen sie ja erst morgen?

Die Kerzen hat er vorsichtshalber wieder ausgeblasen, dafür aber schon dreimal kontrolliert, ob auch das Waffeleisen funktioniert.

Ah, da sind sie ja. Ob es ihnen nicht gut geht heute? Sie sehen irgendwie ein bißchen mitgenommen oder zumindest schläfrig aus. Na, der Kaffee wird ihnen gut tun – deutscher Filterkaffee, versteht sich.

Beim Einschenken zeigt das mallorquinische Ehepaar schon bei halb gefüllter Tasse an, daß es genug sei und gießt stattdessen mehr als die Hälfte des Sahnekännchens in den Kaffee. Ja, ein Waffelherz würden sie gerne probieren – und das Kirschkompott sei ja vorzüglich. Schlagsahne dazu? Nein, danke! Schattenmorellen sind ja auf Mallorca kaum zu bekommen! (Wenn sie wüßten, daß im Vorratsschrank noch zwölf große Gläser stehen! Extra aus Deutschland mitgeschleppt, ohne Übergepäck bezahlt zu haben!)

Von dem liebevoll arrangierten Gebäck in der Silberschale kosten sie kein einziges Stückchen. Noch eine

Tasse Kaffee vielleicht? Nein, vielen Dank, dann können wir heute Nacht nicht schlafen!

Irgendwie war das Kaffeetrinken kein großer Erfolg, und der Fincabesitzer ißt noch zwei Tage lang von seinen Waffeln mit Kirschkompott. Oder war es ein gedeckter Apfelkuchen gewesen?

Es macht wenig Sinn, Mallorquiner vor 18 Uhr am frühen Abend zu deutscher Gemütlichkeit einzuladen. Man überfordert sie schlicht und einfach. Hatten sie sich doch extra so beeilt mit ihrem Mittagessen, das an diesem Tag auch schon um halbdrei auf dem Tisch stand – wegen der Einladung – und mit einem kleinen Täßchen starken *café solo* schnell noch ihr Mittagsmahl beendet.

Wie dem auch sei – ich erinnere mich noch gut an einen Sonntagnachmittag Ende Dezember, an dem wir unserem dringenden Bedürfnis nachgegeben hatten, *Juan* und *Catalina* endlich auch einmal zur Kaffeestunde einzuladen.

Als wir uns noch in der obligatorischen Wartephase befanden, zog ein dunkelschwarzes Wolkengebilde von Westen herauf und entlud sich dann tatsächlich in einem prächtigen Wintergewitter – als wolle es uns mit seinem Donner- und Blitz-Spektakel die Wartezeit angenehm verkürzen. Das wäre ihm auch beinahe gelungen, wenn nicht mit einem besonders effektvollen grünen Blitz, gefolgt von einem atemberaubenden Donnerschlag, mit einem Mal die Lichter ausgegangen wären. Das versetzte uns nicht sonderlich in Panik, denn auf gelegentliche Stromausfälle waren wir vorbereitet und mit Kerzen und Streichhölzern bestens ausgerüstet.

In diesem Moment fiel mir jedoch schlagartig die Kaffeemaschine ein, die – mit Wasser und Kaffeepulver befüllt – auf ihren Einsatz wartete. Ich pries einmal mehr meine vor Monaten gefaßte Entscheidung für einen Gasherd, die mir nun ermöglichte, auch ohne Elekrizität einen Kessel heißes Wasser zu bereiten.

Nun ja, es ist mir dann beim Schein einer einzelnen Kerze irgendwie gelungen, deutschen Filterkaffee herzustellen, indem ich immer wieder den schwenkbaren Filter der Kaffeemaschine vorsichtig öffnete, um kochendes Wasser nachzufüllen. Wegen der kalten Wärmeplatte goß ich die bereits durchgelaufene schwarze Brühe jedesmal schnell in eine Thermoskanne um.

Trotz des immerhin handgefilterten, jedoch lauwarmen Kaffees sowie der Appetitlosigkeit unserer mallorquinischen Besucher wurde es dann doch noch ein romantisches deutsch gemütliches Kaffeestündchen.

Nur schade, daß unser glitzernd geschmücktes Weihnachtsbäumchen in der tiefen Dunkelheit der Zimmerecke so gar nicht zur Geltung kam – es wäre mit seiner elektrischen Beleuchtung bestimmt ein stimmungsvoller Blickfang gewesen.

Unsere Freundin *Cati* lud uns an einem Sonntag zu einem familiären Essen ein. Es gäbe nichts Besonderes, aber ihr Onkel habe ein schönes Kaninchen geschossen, und sie wolle daraus *conejo con cebollas* kochen. Wir sollten so gegen 14 Uhr kommen.

"Also so gegen drei", murmelte mein Mann.

Obwohl wir inzwischen schon gelernt haben, daß wenn wir – wie wir es als Deutsche nun mal gewohnt sind – pünktlich erscheinen, *Mateo* noch unter der Dusche und *Cati* inmitten ihrer Töpfe in der Küchenschürze steht und der Tisch nur halb gedeckt ist, schaffen wir es beim besten Willen nicht. Wir sind immer zu früh, auch wenn wir uns erst eine dreiviertel Stunde nach dem vereinbarten Zeitpunkt auf den Weg machen. So auch diesmal, aber es ist uns nicht mehr so peinlich.

Die vier Hunde, die uns sonst immer zuerst begrüßen, waren merkwürdigerweise weggesperrt. Nur eine der Katzen saß gelangweilt in einem offenen Fenster. *Mateo* empfing uns mit feuchtem Haar. *Cati* stand am Herd.

Aber der Tisch war gedeckt. Und wie! Farbenprächtige Keramik, umrahmt von glänzendem Besteck, und Batterien der schönsten mundgeblasenen Gläser konkurrierten mit üppigem Blumenschmuck aus dem Garten.

Der Rest der Familie war nur die kleine Besetzung, denn es waren heute nur noch die Tochter mit ihrem Verlobten, der Sohn nebst Freundin, der Onkel und die Oma da. Also insgesamt nur zwölf Personen. (Hoffentlich hat der Onkel zwei Kaninchen geschossen, dachten wir.)

Mateo füllte die Gläser – *salud!* – und *Cati* kam mit einer dampfenden Schüssel an den Tisch. Darin war ein *túmbet*, die Vorspeise. Sie besteht aus geschmorten Auberginen, Paprikaschoten, Kartoffeln, Knoblauch, Zucchinis, Tomaten und viel Olivenöl (in meinem Kochbuch steht, dies könne eine vollständige vegetarische Mahlzeit sein). Dieser *túmbet*, der bei genauerem Hinsehen über einem großen Stück gedünstetem Rochen angerichtet war, erwies sich als köstlich – wie vorher schon die Oliven und die Salzmandeln und das Brot mit Aíoli. Danach waren wir satt.

"*Salud!*", sagte *Mateo,* und Cati kam mit der nächsten Schüssel. Die war nur um ein weniges größer. Leider gäbe es kein Kaninchen, sagte *Cati*, denn einer der Hunde hätte am Vormittag ihren Fasan abgemurkst – deshalb hätte sie natürlich den gebraten. Zum Fasan gab es nicht viel, nur etwas Brot und ein paar Bohnen. Ach ja, und ein bißchen marrokanischen Reis mit Rosinen, Aprikosen und Pinienkernen. "*Bon profit!*"

Sie hatte inzwischen die Hunde wieder `rausgelassen, und einer saß unterm Tisch ganz in meiner Nähe.

Mateo holte den Cognac und die *Hierbas*-Flasche, während *Cati* schon wieder in der Küche war, wohin ich ihr gefolgt war, um mich einerseits einen Augenblick bewegen zu können und andererseits, um ihr beim Auftragen des Nachtischs zu helfen. Wie es bei echten Mallorquinern so ist, gab es natürlich einen *gató*. Der ist manchmal, wenn er vom Bäcker kommt, leicht und luftig; bei Cati mächtig und sehr süß. Denn schließlich nimmt sie dafür zwölf Eier von eigenen Hühnern. Mein Mann mag den *gató* von Cati am liebsten. Diesmal brachte *Cati* auch noch eine große, mit Kürbismarmelade gefüllte *ensaimada* auf den Tisch – sowie meine

Zitronentorte, die ich mitgebracht hatte. Und schwups – hatte jeder von allem etwas auf dem Teller.

Danach war die Unterhaltung schon etwas weniger angeregt, um nicht zu sagen schleppend, und *Cati* fielen zum ersten Mal die Augen zu.

So, das hätten wir geschafft, dachten wir und hofften schon auf den Kaffee.

Aber wir hatten die Rechnung ohne unseren Gastgeber gemacht – denn der stellte gerade eine riesige Früchteschale in die Mitte des Tisches, säbelte schon mit einem langen Messer an einer Wassermelone herum, die er sich vor den Bauch hielt – und ehe wir noch protestieren konnten, hatten wir schon eine saftige rote Scheibe vor uns auf dem Teller.

"*Salud!*", sagte Mateo und hob sein mit einem guten *cava* gefülltes Champagnerglas. Wir brachten die unseren kaum noch in die Höhe.

Nach dem Kaffee, und während die Oma schon die Melonenschalen in kleine Stückchen zerschnipselte, für die Hühner, verabschiedeten wir uns dankbar von unseren Freunden.

Ich nahm mir fest vor, beim nächsten Mal auf jeden Fall wieder Blumen statt Torte mitzubringen.

Und falls uns auf dem Heimweg die Polizei anhalten und uns fragen würde, ob wir getrunken hätten, würden wir sagen: "*Hemos comido*","wir haben gegessen", das machen die Mallorquiner auch so.

Inselwein

Die Trinkkultur der Mallorquiner ist aufs engste mit ihrer Eßkultur verknüpft, was bedeutet, daß sie nie trinken, ohne dabei auch etwas zu essen.

Wir trinken mitunter auch ohne zu essen; deshalb sind auch wohl unsere Weinvorräte eher unbedeutend und nicht der Rede wert.

"Wir müssen unbedingt Wein kaufen", sage ich und reiche meinem Mann die vorletzte Flasche. Das Entkorken ist Männersache.

Beim letzten Licht des Tages sitzen wir gern draußen auf der Steinbank an der warmen Hauswand, vor uns einen Becher roten Wein, während schon die Fledermäuse um unsere Köpfe schwirren und um die Hausecke zum Pool flattern, auf dessen Oberfläche noch ein paar nicht abgefischte Insekten vergeblich um ihr Leben zappeln.

Der Vollmond klettert gerade über den Horizont und hängt bald wie eine überdimensionale Apfelsine in den Wedeln unserer Palme. Sein Licht unterstützt die kleine Flamme der Kerze vor mir auf dem Tisch, und ich blättere in den Seiten eines Sonderhefts über Mallorca.

Wie es der Zufall so will, fällt mein Blick auf eine Reportage über ein neu eröffnetes Restaurant in unserer Nähe. Ein Landsmann von uns will, unterstützt von zwei begnadeten Köchen aus dem niederbayerischen Raum, Mallorcas kulinarische Vielfalt bereichern. Der Artikel ist sehr interessant, und ich weiß nun endlich, daß der deutsche Fincaeigner kein durchgestyltes Feinschmecker-Refugium braucht, sondern bei einem guten Essen halbverputzte Wände, Kerzen in Papiertüten und *cava* im Zinkeimer bevorzugt.

Auch freut es mich zu erfahren, zu welcher Stunde sich der Inhaber zu rasieren pflegt und wann er sein Hemd bügelt, und über die genaue Backanleitung für sein köstliches Brot bin ich ehrlich dankbar.

Am meisten interessiert mich im Augenblick allerdings die Herkunft seines Hausweins.

Im Lauf der Jahre haben wir uns zu wahren Experten für Mallorcas Weine entwickelt und kennen uns in den Gefilden der regionalen Anbaugebiete bestens aus. Aber das hier ist etwas völlig Neues: *Ana*, ein altes fast 80-jähriges Weiblein, verkauft spottbillig einen wunderbaren Wein! Aus Eichenfässern direkt aus einer Garage!

Am nächsten Morgen, beim Frühstück im hellen Tageslicht, mache ich mich bei meiner zweiten Tasse Kaffee sogleich noch einmal über den Artikel her und erfahre 40 Seiten später noch Genaueres über *Anas* Wein: unter zehn Rotweinen mit großen Namen hat der ihrige bei einer professionellen Weinstudie mit Blindverkostung den fünften Platz belegt! Wenn das nichts ist – da müssen wir unbedingt hin!

Die Beschreibung von *Anas Bodega*, und wo wir sie finden würden, ist ausführlich und leicht verständlich – so machen wir uns zuversichtlich auf den Weg. An ihrer geblümten Kittelschürze, einem schwarzweißen Hündchen, das unter einem Feigenbaum zittere, sowie einem steil bergan führenden Schotterweg würden wir *Ana* und ihren Spirituosenhandel schon erkennen.

Unterwegs überkommen uns dann doch Zweifel: wahrscheinlich würden wir schon zehn Kilometer vor *Anas* Garage in einem langen Stau deutscher Fincabesitzer stecken, die vor ihrem Faßausschank Schlange stehen, und für uns würde womöglich nur noch der Bodensatz im Faß übrig sein. Oder vielleicht stimmt die Wegbeschreibung überhaupt nicht. Eigentlich sollte man meinen, daß ein Wirt, der den fünftbesten Tropfen der Insel entdeckt hat, keine detaillierte Beschreibung veröffentlicht, um aller Welt seinen Geheimtip zu verraten.

Im Geist stelle ich mir allerdings schon die schönsten dunkelgrünen, bauchigen, korbummantelten Weinflaschen vor, die ich dann, sichtbar für jeden Besucher, dekorativ in einer Reihe aufstellen würde. Na ja, und wenn alles doch frei erfunden wäre, würden wir auf dem Rückweg eben mal wieder *Junípero Serra*, dem Gründer der kalifornischen Missionsstationen, in Petra einen Besuch abstatten und uns im dortigen Weingut Nachschub besorgen.

Trotz bewölktem Himmel ist es schwül und heiß in unserem kleinen Auto, aber wir sind ja gleich da: dort hinten links, da müßte es sein – aber keine Autoschlange weist uns die Einfahrt. Merkwürdig. Ja, da ist der Schotterweg steil bergan, so wie es im Heft beschrieben war. Am Ende ein paar Häuser, ein paar Garagen – alles fest verschlossen und wie ausgestorben, niemand, den wir nach *Ana* fragen könnten. Ein Hund döst im Schatten eines Baumes, aber der Baum ist eine Zypresse und der Hund ist groß und hellbraun und zittert nicht. Wir holpern langsam weiter, ein Schotterweg führt in den nächsten, wir drehen uns im Kreis und sind bald wieder an der Landstraße, von der wir abgezweigt waren.

Keine *Ana*, kein schwarzweißes zitterndes Hündchen weit und breit kein Wein.

Nein, wir geben noch nicht auf, obwohl wir uns mittlerweile einig sind, daß zumindest die Kilometerangabe für die Abzweigung uns in die Irre führen soll. Dennoch probieren wir es mit einem anderen Schotterweg ein paar Kilometer weiter, doch der führt nun gar nicht steil bergauf und zwingt uns nach einer weiteren Viertelstunde zu einem aufregenden Wendemanöver an seiner engsten Stelle, und wie durch ein Wunder erleidet unser Auto weder einen Achsenbruch noch einen platten Reifen auf seinen scharfkantigen Steinen. Jedenfalls lernen wir im Verlauf einer ganzen Stunde sämtliche Schotterwege der Umgebung gründlich kennen, wobei unser Verständnis für unter Fincabesitzern beliebte geländegängige allradangetriebene Fahrzeuge mit jedem bewältigtem Meter wächst.

Wir können *Ana* nicht finden. Schon dreimal habe ich meinem Mann vorgeschlagen, vielleicht in der Bar im nahen Dorf nachzufragen, ob man dort eine weinverkaufende *Ana* kenne, aber erst als es ihn selber nach einer Erfrischung verlangt, gibt er seinen Ehrgeiz auf und meinem Drängen nach.

Meine inzwischen aufgekommene Skepsis weicht einem triumphierenden Lächeln, als die stämmige Frau hinter dem Tresen uns bereitwillig erklärt, daß sie *Ana* kenne und wir sie gleich hinter dem nächsten Mandelbaumhain finden würden.

Tatsächlich, der Schotterweg steigt steil bergan, das schwarzweiße Hündchen zittert ein wenig vor Freude, und aus dem Dunkel einer offenen Garage leuchtet *Anas* geblümte Arbeitsschürze!

Gebeugt sitzt sie auf einem einfachen Stuhl und scheint darauf zu warten, ob nicht endlich mal wieder jemand kommt, um ihren Wein zu kaufen; wo doch so ein schönes Foto von ihr und ihrer Garage kürzlich in einem deutschen Magazin erschienen ist. Nach unserem freundlichen Gruß erhebt sie sich etwas mühsam: "*Sí, sí, soy Ana, quieren vino de Ana?*" – "Ja, ja, ich bin *Ana*, möchten Sie *Anas* Wein?"

Wir dürfen aus zwei kleinen Plastikbechern ihren Wein probieren und wir entscheiden uns spontan für ihren kräftigsten – genauso, wie es im Heft empfohlen war. Eigenhändig füllt sie ihn ab. Sie freut sich, daß wir noch ein Dutzend frische Eier und etliche Kilo, zu dicken Zöpfen aufgefädelte *ramellets* kaufen, die sie umständlich mit Eisengewichten auf einer alten Waage auswiegt.

Der Wein ist billig, die Tomaten und Eier weniger, aber wir machen uns glücklich auf den Heimweg – ganz vorsichtig den Schotterweg hinunter, damit die mit *Anas* edlem Tropfen gefüllten Plastik-Wasserkanister nur ja nicht umfallen.

Von einem Mißgeschick

Eines schönen Tages zog es einen Fincabesitzer – er hatte gerade Besuch – hinaus aufs Meer. Es war ein schöner, ruhiger Sonntag im August. Das Meer war spiegelglatt und kein Lüftchen regte sich. Sie waren zu fünft, zwei Männer, zwei Frauen und ein vierzehnjähriger Knabe. Das Schiff war ein kleines offenes Angelboot mit einem Außenbordmotor, nicht viel größer als eine geräumige Badewanne und vielleicht ein winziges bißchen zu klein für fünf Personen. Sie schipperten fröhlich hinaus aus der Bucht, ließen alle Schwimmer und Tretbootfahrer hinter sich, wandten sich hinter dem großen Felsentor im Meer nach rechts, um schön in Küstennähe zur übernächsten, besonders malerischen *cala* zu gelangen. Schließlich sollte der Besuch etwas geboten bekommen. Das bekam er dann auch!

Als sie so ziemlich genau auf der Hälfte der Strecke waren, linker Hand das weite Mittelmeer und rechter Hand die Steilküste, kam von hinten ganz plötzlich eine große Welle, schwappte ins Bötchen und machte allen nasse Füße – nun, um genau zu sein, alle saßen bis zum Bauch im Wasser!

Das Boot war bis zur Oberkante randvoll, und bevor sie ans Ausschöpfen auch nur denken konnten, fing es an zu sinken. Da spaddelten sie nun alle fünf im warmen Wasser herum und schauten erschrocken zu, wie ihr Schiffchen samt Fotoapparat und Außenbordmotor blitzschnell auf den Meeresgrund sank. Nur die zwei Paddel, die für den Notfall mit an Bord waren, schwammen wie zum Hohn obenauf. Aber da es echte Notfallpaddel waren, erfüllten sie natürlich ihren Zweck und dienten ihnen zum Winken. Sie winkten damit, so gut es beim Schwimmen eben ging, und es dauerte deshalb auch nicht lange, bis ein schnittiges großes Segelschiff schön langsam (es wehte ja kaum Wind) in ihrer Nähe auftauchte. Wahrscheinlich riefen sie auch noch ein bißchen um Hilfe, wie es sich für Schiffbrüchige gehört. Denn gleich darauf wurden sie alle fünf von der Besatzung des Seglers aus ihrer Not gerettet und zum nächsten Hafen mitgenommen. Die Segler waren für einen solchen Notfall wohl nicht gerüstet, denn die Geretteten bekamen keinen heißen Grog mit viel Rum, sondern nur kaltes *agua con gas*.

Jedenfalls waren alle fünf noch am Leben und wenig später auch schon mit einem Taxi auf dem Heimweg, in Badehosen und barfuß, dafür aber mit zwei Bootspaddeln. (Gut, daß mallorquinische Taxifahrer von den Touristen so einiges gewohnt sind.)

Ach, was war die Aufregung groß! Wären sie doch beinahe den Seemannstod gestorben; immerhin war die Steilküste zu steil und die Strecke zum Schwimmen in die nächste Bucht zu weit. Nur gut, daß das Mittelmeer rund um Mallorca im Hochsommer so voller Boote ist! Und von nun an wollten sie immer zweimal im Jahr ihren Geburtstag feiern.

Am nächsten Tag hatten sie sich aber wieder so weit beruhigt, daß ihnen einfiel, zur Polizei zu gehen, um den Verlust ihres Bootes zu melden – schließlich hatten sie als gute Deutsche ja eine Versicherung! Und, um die in Anspruch zu nehmen, bräuchte man ein Protokoll.

Zuerst wurde deshalb das Rathaus angesteuert, wo die örtliche Polizei, die *policía local*, stationiert ist. Da die aber nur für Unfälle und Verkehrsdelikte in der Gemeinde zuständig ist, und das weite Meer vermutlich nicht zur Gemeinde gehört, schickte sie den Fincabesitzer zur *guardia civil*, der Schutz- und Kriminalpolizei.

Unser Fincabesitzer hatte natürlich zur Unterstützung seine Frau dabei. Die wäre zwar lieber im kühlen Schatten ihrer Terrasse geblieben, hatte aber im Prinzip nichts gegen ein bißchen Abwechslung vom Ferienalltag einzuwenden.

Bei der *guardia civil* tat um jene frühe Nachmittagsstunde zunächst nur eine junge hübsche Beamtin ihren Dienst, der die olivgrüne Uniform ausgezeichnet stand. Zum Glück nahm sie sich auch gleich der Angelegenheit an und setzte sich hinter ihren Computer. Sie machte sich daran, erst einmal die Personalangaben sowie Zeitpunkt und Ort des Geschehens einzutippen. Das dauerte in etwa eine halbe Stunde, vor allem, weil ihr die Schreibweise der mallorquinischen Ortsnamen nicht geläufig war. Auch schien sie noch nicht lange mit der Tastatur eines PC vertraut. Wahrscheinlich war sie gerade frisch vom spanischen Festland, der "Halbinsel", nach Mallorca abkommandiert worden und noch nicht lange bei der Truppe.

In der Amtsstube war es brütend heiß, und der Fincabesitzer und seine Frau waren froh, als endlich eine Art
Hausmeister hereinschlurfte und den Tischventilator
einschaltete. Der Hausmeister war dann auch noch ein
bißchen bei der Ausformulierung der amtsspanischen
Sätze behilflich, was die Angelegenheit ein wenig be-
schleunigte. Zur Erleichterung aller, einschließlich der
jungen Beamtin, erschien nach einer guten Stunde endlich die vollständige Nachmittagsbesetzung der Poli-
zeistation in Gestalt dreier männlicher Beamter. Welch
ein Anblick, einer smarter als der andere, sehr dyna-
misch und voller Tatendrang! Ihre junge Kollegin überließ ihnen gerne den PC sowie die schiffbrüchigen Ausländer und beruhigte erst einmal mit einer Zigarette
ihre Nerven.

Im folgenden ein Ausschnitt aus dem Protokoll in der
Übersetzung:

Gefragt: Ob sie den Grund wissen, warum das Boot untergegangen ist?

Erklärt: Nein.

Gefragt: Daß er den genauen Ort des Untergangs nennen
solle.

Erklärt: Daß er es nicht weiß, aber er befindet sich so
ungefähr auf der Hälfte der Strecke zwischen den oben
genannten Buchten und nahe der Küste, aber daß vielleicht das Segelschiff die genaue Position hätte.

Gefragt: Welches seine Reaktion war. Und wie lange es
gedauert hat, bis das Schiff komplett untergegangen ist.

Erklärt: Daß im Boot fünf Personen waren, und als es
total mit Wasser vollgelaufen war, sie über Bord ge-
sprungen sind und das Ganze nur zwei Minuten gedauert hat. Daß anschließend die fünf Teilnehmer zehn

Minuten lang geschwommen sind und dabei mit einem Paddel dem nächsten Segelschiff Zeichen gegeben haben. Daß nach zehn Minuten das Segelschiff sie erkannt hat.

Bei den Fragen und Antworten liefen die Finger des jungen Beamten mit atemberaubender Geschwindigkeit über die Tastatur. Am beeindruckendsten war allerdings, daß er während des Schreibens den Hausmeister ansah, der ihm gerade einen urkomischen Bericht über einen anderen Fall erzählte und beide darüber lachten. Eine perfekte Demonstration dessen, was ein Beamter der *guardia civil* alles gleichzeitig zu leisten imstande ist.

So, das wäre geschafft!

Nachdem ihm nun noch seine Rechte vorgelesen und schriftlich ausgehändigt worden waren, die Formulare unterschrieben und mit einem runden lilafarbenen Stempel der *comandancia de la guardia civil* versehen waren, verließ der Fincabesitzer die Lokalität, um sich schweißgebadet, jedoch erleichtert auf den Heimweg zu begeben.

Aber etwas ging ihm nicht aus dem Sinn: Der schöne Außenbordmotor – der war eigentlich das Allerwertvollste vom ganzen Boot und noch fast neu. Vielleicht könne man den ja bergen, den Fluten des Mittelmeers entreißen?

Und da fiel ihm ein, daß er ja jemanden kennt, der wiederum einen von der hiesigen Tauchschule kennt, und den könne man ja mal fragen, ob die nicht Lust zu einer Rettungsaktion seines schönen Motors hätten. Es solle ihr Schaden nicht sein.

Die von der Tauchschule waren kräftige, durchtrainierte junge Mallorquiner, und Lust hatten sie auch.

Das Meer war glatt, die Sonne schien, und es dauerte nicht lange, da hatte man schon die verschwommenen weißen Umrisse des untergegangenen Bootes auf dem Grund des Meeres entdeckt. Ausgerüstet mit Sauerstoffflaschen und Bleigürteln ließen sich die drei Taucher nun langsam in die Tiefe sinken. Ja, da war es, in zwanzig Meter Tiefe und tatsächlich voll Wasser bis zum Rand!

Nur der Motor war weg – herausgebrochen mit einer Brechstange, wie es schien! Und der Fotoapparat war auch nicht mehr da.

Ob das kleine weiße Boot wohl noch lange auf dem Meeresgrund liegt?

Ausflug nach Cabrera

Dem Südostzipfel der Insel Mallorca genau gegenüber liegt Cabrera, die Ziegeninsel. Die kleine Insel blickt auf eine wechselvolle Geschichte zurück. Sie wurde unter anderem in früheren Zeiten als sicheres Lager für französische Kriegsgefangene genutzt, die wegen der starken Strömung – falls ihnen die Flucht gelang – niemals Mallorca schwimmend erreichen konnten und weit ins Meer Richtung Afrika abgetrieben wurden.

Auch später blieb Cabrera militärisches Sperrgebiet; mit dem Aufkommen des Mallorca-Tourismus durften aber Tagesausflügler die Insel besuchen. Zum Glück wurde sie vor ein paar Jahren – ihrer besonderen Flora und Meeresfauna wegen – zum Nationalpark erklärt. Nur wenige Schiffe dürfen pro Tag die Insel anlaufen, und auch nur dann, wenn sie sich vorher angemeldet haben.

Mateo und *Cati* wollten mit uns einen Ausflug dorthin unternehmen und hatten dafür ein großes *llaüt*, ein typisch mallorquinisches Fischerboot, samt Kapitän für uns allein gemietet.

Es war August, Ferienmonat, und an *Mateos* Laden kam ein Schild: *Hoy cerrado*. Wir Frauen hatten am Vortag alles eingekauft und vorbereitet, was man für ein zünftiges Familienpicknick so braucht, und nun warteten wir auf *Mateos furgoneta*, mit der er uns früh am Morgen abholen wollte.

Unsere zwei Familien hatten samt Schnorchelausrüstung, Körben und Kühltaschen, in seinem Lieferauto reichlich Platz. Dort wo sonst die Ladefläche für Kühlschränke, Öfen und Möbel war, stehen heute zwei bequeme Korbsessel, in denen es sich sofort sein Sohn und unser Jüngster gemütlich machen.

Es kann losgehen. Unseren ersten Stop legen wir beim örtlichen Bäcker ein, denn ohne frisches Brot und eine paellapfannengroße *ensaimada* können wir keinen Ausflug machen.

Weiter geht es in Richtung Süden. Wir wundern uns, daß Mateo von der Hauptstraße abfährt und auf engen, uns aber durchaus bekannten Straßen eine andere Richtung nimmt. Aha, er will zuerst noch zu einer Käserei.

Nachdem wir alle zusammen eine Weile die Herstellung zweier mallorquinischer Käsesorten beobachtet haben, erstehen wir zwei ganze Käselaibe, von jeder Sorte einen, die wir unter der Rückbank verstauen.

Eingehüllt in einer Mischung der lieblichsten Düfte – vom reifen Obst, dem frischen Brot, den Fleischpasteten und deftigen Würsten und nun noch vom Ziegenkäse – schaukeln wir der Küste entgegen.

Der dritte Halt wird bald an einer Tankstelle eingelegt, wo *Mateo* einen großen Sack Eisstücke ersteht, die er um die Getränkeflaschen in der Kühltasche verteilt.

Perfekt – es ist an alles gedacht!

Wir nähern uns Colonia de Sant Jordi, dem Hafenstädtchen am Südostzipfel, wo uns das *llaüt* erwartet. Im Ort will *Mateos* Tochter noch eine Freundin einsammeln, die auch noch mit nach Cabrera soll, aber die ist offensichtlich nicht zu Hause.

Nun sind wir endlich am Hafen und müssen enttäuscht erfahren, daß das mallorquinische Fischerboot wegen des heftigen Windes an den vergangenen Tagen noch im Hafen von Cabrera liegt.

Aber der Sohn des Kapitäns steht uns mit einem großen, modernen Ausflugsboot zur Verfügung.

Wenn uns der Seegang nicht zu bedrohlich erscheinen würde, könnten wir mit Sack und Pack einsteigen.

Der Seegang schreckt uns nicht und wir gehen an Bord.

Zwei Kühltaschen, drei volle Einkaufskörbe, die Tüte mit dem Brot, die Ensaimada-Schachtel, die Schnorchel und Flossen und Handtücher, meine aufgeblasene Luftmatratze (ohne die ich mich nie in die Nähe irgendeines tieferen Wassers begebe), die Käsetüte und die sich noch in der Springform befindende Torte – Mateo hat Geburtstag – alles wird an Bord gehievt.

Verhungern werden wir auf Cabrera jedenfalls nicht.

Leinen los! Cabrera liegt in Sichtweite voraus, wir verlassen die Hafeneinfahrt und fahren aufs offene Meer. Der Bug schlägt auf die Wellen, hoch spritzt die Gischt und dringt durch die geöffnete Vordertür ins Schiff. Der Seegang ist noch beachtlich, aber wir sitzen in einem starken Boot – nur zwanzig Minuten bis Cabrera.

Ein leiser Piepton macht *Catis* leicht besorgtem Gesichtsausdruck ein jähes Ende, der Kapitän wendet sein Schiff, und zwei Minuten später haben wir wegen Motorschadens wieder im Hafen festgemacht.

Das Ausladen dauert genau so lange wie das Einladen und ohne auf *Mateos* Zorn näher einzugehen, sitzen wir bald wieder in der *furgoneta*.

Wir nähern uns *S`Avall*, einem ausgedehnten Landsitz, der fast die ganze Südspitze Mallorcas einnimmt. Da die Besitzer zur Zeit selbst anwesend sind, will man uns zunächst nicht durchlassen, aber *Mateo* kann nach einigem Palavern die Wachen überreden. Innerhalb des Geländes fahren wir noch eine ganze Weile durch unberührte Natur, wobei wir Hunderte von Wachteln und Rebhühnern aufschrecken. Das Gutshaus schimmert von weitem durch die Bäume. Endlich gelangen wir müde und verschwitzt zu einer einsamen Privatbucht mit einem wunderschönen Strand.

Die Sonne stand hoch, drei Viertel des Tages waren schon vergangen, aber wir waren dort ganz allein und unter uns und hatten einen herrlichen Blick übers Meer – auf Cabrera!

Und weil ja *Mateo* Geburtstag hatte und unser Reiseproviant nur unwesentlich weniger geworden war und nun dringend für ein paar Stunden in den Kühlschrank mußte, verabredeten wir uns zur Nacht auf einem kleinen Klosterberg in unserer Nähe. Außer uns war dort um diese späte Stunde keine Menschenseele mehr; hinter der dicken Stützmauer der Einsiedelei breiteten wir all unsere Schätze aus; wir hatten frischen Wein und *Cati* die guten Gläser dabei. Der Vollmond stand riesengroß und unwirklich am Himmel, beschien mit seinem Silberlicht das Land unter uns, glänzte ein bißchen übers Meer am Horizont – genau da, wo unser Tagesziel gewesen wäre – und wir nahmen uns fest vor, es im nächsten Jahr noch einmal zu versuchen.

Harte Nüsse

Es ist Oktober, Herbst, der Jahreszeit nach, aber auf Mallorca für uns noch herrlich warm, in der Sonne noch 30°C, jedoch am Abend schon recht kühl, die Feuchtigkeit kriecht bereits in Betten und Schränke.

Die Mandeln sind schon lange reif und müssen geerntet werden, die letzten Feigen platzen an den Zweigen und sind ein Festmahl für die Vögel.

Die großen Ohrenkakteen, die Opuntien, tragen schwer an ihrer orangefarbenen Last.

Ab und zu ziehen schwarze Wolken auf, die aber nur selten ihre Nässe über diesem Teil der Insel ausgießen; jedoch oft genug, um ein Feuerwerk der Farben zu entfachen: das Lila, Purpurrot und Orange der Bougainvilleas im Wettstreit mit dem Goldgelb der letzten Datteln an den Palmen und dem hellen Gelb der Quitten, der flammenden Lantanen und den ewig blühenden lilafarbenen Passionsblumen. Leuchtendes Gelb der Zitronen über hellem Blau von Rosmarin und Lavendel. Überall an den Straßenrändern das unbeschreibliche Rot der reifen Granatäpfel.

Wir sind wieder da, atmen die würzige Luft, trinken unseren Wein, lauschen vor allem der Stille, beobachten die Geckos nachts in der Nähe der Lampen, freuen uns auf drei Wochen Ferien – und auf die Mandelernte.

Jeder, der auf Mallorca ein Stückchen Land sein eigen nennt, besitzt zumindest einen Mandelbaum. Wir haben sieben davon.

Sieben ist eine heilige Zahl (wie meine alte Lehrerin immer sagte), und Ende Januar, zur Blütezeit, sind sie eine wahre Pracht, den Rest des Jahres wegen ihres knorrigen Wuchses weniger ansehnlich, dafür tragen sie aber die echte Mallorcamandel, die der kalifornischen Mandel, die man zu Hause abgepackt in Cellophantüten kaufen kann, an Geschmack weit überlegen ist.

Unseren ersten Eimer Mandeln haben wir mit der Hand gepflückt, auf einem Mäuerchen sitzend von der äußeren Hülle befreit und stolz im Handgepäck nach Hause gebracht. Es war nur die Ernte eines halben Baumes, aber wir sahen noch keine Möglichkeit, des gesamten Ertrages unserer Mandelbäume Herr zu werden.

Inzwischen haben wir den einheimischen Mandelbauern die traditionelle Erntetechnik abgeschaut und uns große Netze besorgt, von denen wir jeweils zwei unter einem Baum ausbreiten und mit einem langen Stock an die Äste schlagen, die, so behandelt, alle Mandeln fallen lassen.

Auf diese Weise verfährt man nun mit jedem Baum.

Nachdem man die reiche Ernte von den äußeren Schalen befreit hat, schlechte Exemplare gleich aussortiert, die Wurmeier (wegen der Ameisen) fein abgerieben und dabei sich so ganz nebenbei ein paar Fingernägel abgebrochen hat, werden die Mandeln dekorativ auf allerlei Körbe und Kisten und Säcke verteilt.

Der Winter kann kommen.

Man freut sich an den Mandelbergen, knackt auch ab und zu die eine oder andere, verteilt eine kleine Menge an Freunde und Verwandte, schleppt sie mit nach Deutschland: "Schaut mal, eigene Ernte!" und vergoldet ein paar für die Weihnachtsdekoration – doch sie werden nicht weniger.

Flugs ist das Jahr um, und man fährt die zweite Mandelernte ein.

Nun wird das Quantum, das an Freunde und Verwandte verteilt wird, schon größer, und man macht sich ernsthafte Gedanken, wie man den alljährlichen Mandelsegen denn am besten bewältigt.

Zunächst werden die Kinder zum Mandelernten verdonnert, was sie als echte Sklavenarbeit ansehen; lustlos sind sie bei der Sache, und das Ergebnis läßt entsprechend zu wünschen übrig.

Mittlerweile machen wir Salzmandeln, geröstete Mandeln, gebrannte Mandeln, Mandelkuchen und Mandelhörnchen. Auch haben wir schon die original mallorquinische Version des Mandelkuchens, den *gató*, gebacken, der allerdings mehr die Anzahl der Eier als die der Mandeln dezimiert. Wahrscheinlich gibt es deshalb bei den Mallorquinern zum *gató* noch Mandeleis.

Außer Mandeleis und Mandelkuchen haben die mallorquinischen Hausfrauen sich, der Not gehorchend, noch mehr einfallen lassen: das Marzipanherstellen haben ihnen vor langer Zeit die Araber beigebracht, zur Weihnachtszeit gibt es *turrón*, das ganze Jahr über Mandeltörtchen mit Pinienkernen sowie Mandelmilch, die man warm oder kalt trinkt.

Und so folgt ein Jahr auf das andere und damit eine Mandelernte auf die nächste. Ich wundere mich, daß ich bisher noch keinen von unseresgleichen auf einem der Wochenmärkte gesehen habe, wie er dort gebrannte Mandeln feilbietet.

Übrigens, Jugendliche sind nur bedingt und zunehmend weniger zur Mandelernte einsetzbar: "Im Herbst kommen wir diesmal nicht mit, da müssen wir nur wieder Mandeln ernten!"

Wir werden uns deshalb dringend nach anderen Erntehelfern umsehen müssen.

Lieber Besuch

Für den Fincabesitzer ist es immer wieder ein Vergnügen, sich Gäste einzuladen. Das bedeutet für ihn eine willkommene Abwechslung an den langweiligen Tagen auf dem Land und gibt ihm wieder einmal Gelegenheit, längere Ausflüge ans entgegengesetzte Ende der Insel zu unternehmen. Der Besuch hat meistens eine prächtige Fotoausrüstung dabei, die er auch eigenhändig durchs Gebirge schleppt und mit der er zuverlässig für die Erinnerungsfotos sorgt.

Manchmal bringen die Gäste auch nützliche Gastgeschenke mit, wie zum Beispiel aufblasbare Wanderrucksäcke und stromsparende Zitruspressen, wobei man sich allerdings im Klaren sein muß, daß die Gaben selten uneigennützig gemeint sind und einen oder zwei Hintergedanken beinhalten.

Wir sprechen Einladungen besonders gerne im Herbst aus, wenn die Olivenernte ansteht, und achten stets darauf, daß der Besuch nicht allzu gebrechlich, sondern kräftig und gelenkig ist.

Da unser Besuch morgens gern lange ausschläft, haben wir reichlich Zeit, in Ruhe den Frühstückstisch zu decken, Brot vom Bäcker zu holen und ausreichend frischen Orangensaft zu pressen.

Nachdem unsere Gäste von uns so nett bewirtet und verwöhnt wurden, fragen sie spätestens am zweiten Tag, ob sie uns nicht irgendwo helfen könnten. "Ach, das ist nett von euch, aber ihr habt doch Urlaub. Wollt ihr nicht lieber zum Strand? Nein? Na, dann könntet ihr uns vielleicht ein bißchen beim Ernten der Oliven helfen …"

Weil die Oliven sehr empfindlich sind, sollte man sie nicht wie die Mandeln mit Stöcken vom Baum schlagen, sondern lieber mit der Hand pflücken – einzeln, versteht sich.

Selbstverständlich kann man dafür arbeitswillige Festlandspanier engagieren. Die kommen meist aus Andalusien und nennen sich Erntehelfer. Es sind *gitanos*, die zur Erntezeit über die Lande ziehen, und ob sie nach getaner Arbeit noch Lust haben, uns mit einem Flamenco zu erfreuen, wage ich zu bezweifeln.

Gleich nach dem Frühstück steht nun unser Besuch in Arbeitskleidung (kurze Hosen und zu knappes Hemd) freudig bereit. In einer Stunde könne man ja auch noch zum Strand gehen.

Am späten Nachmittag, kurz vorm Dunkelwerden, stehen sie dann immer noch auf der Leiter hoch oben im Olivenbaum und pflücken und sortieren die *aceitunas*: die unreifen grünen schön getrennt von den schwarzen reifen. Die Arme zerkratzt und mit wackligen Beinen freuen sie sich schon auf eine warme Dusche. Daß seit fünf Stunden der Strom ausgefallen ist und deshalb weder die Pumpe funktioniert, geschweige denn warmes Wasser aus der Leitung kommt, können sie ja nicht wissen.

Froh, daß sie uns helfen konnten und die Arbeit getan ist, wollen sie morgen nun endlich zum Strand. (Daß wir noch einen zweiten Olivenbaum haben, sagen wir ihnen erst morgen beim Frühstück.)

Zum Dank für ihre Hilfe dürfen sie am Ende ihres Urlaubs natürlich einen großen Beutel selbstgepflückte Oliven mit nach Hause nehmen – zusammen mit dem Rezept fürs Einlegen.

Im nächsten Jahr würden sie uns gerne einmal im Frühjahr besuchen – da könne man so schön wandern gehen. Sollen wir ihnen schon verraten, daß wir uns dann vorgenommen haben, endlich einmal die vielen Steine vom Acker abzusammeln?

Apropos Steine. Jeder unserer Gäste hat uns auch schon geholfen, die großen, zentnerschweren, bizarren Steinbrocken, die sich so dekorativ im Blumengarten ausnehmen, vom Feld herbeizuschleppen. Früher hatten wir das alleine versucht, aber dabei ist die Schubkarre leider kaputt gegangen. So manch einer hat sich deshalb schon in seinen Ferien bei uns einen Bandscheibenschaden geholt. Dafür fällt ihnen immer etwas ein, wenn sie sich in unser Gästebuch eintragen dürfen

("Steine rucken" reimt sich auf "Gliederzucken"). Leider sind sie danach nicht mehr zum Unkrautjäten einzusetzen.

Ich erinnere mich an einen heißen Spätsommertag, als wir einmal unangemeldet bei den ehemaligen Nachbarn vorbeikamen. Sichtlich erfreut über ein bißchen Abwechslung luden sie uns sogleich zu einem kühlen Getränk auf ihrer schattigen Terrasse ein. Etwas abseits vom Haus schob ein schwitzender Mann mühsam, aber entschlossen einen Handrasenmäher durchs dicke Elefantengras.

"Daß eurem Gärtner die Hitze gar nichts auszumachen scheint...?", fragten wir in mitleidigem Tonfall.

"Das ist nicht der Gärtner, nein, nein – wir haben nur gerade Besuch ...!"

Man sollte vermeiden, sich Golfer als Hausgäste einzuladen. Die sind zu nichts zu gebrauchen. Das Frühstück wollen sie meist sehr zeitig am Morgen, da sie schon um 9.27 Uhr am ersten Loch verabredet sind. Zuverlässig zum Nachmittagskaffee sind sie dann wieder da und wollen Torte. Und bis zum Abendessen müssen sie sich dann von ihrem anstrengenden Tag erholen. Das Gute an den Golfern ist allerdings, daß man mit ihnen keine Inselrundfahrten machen muß!

Mütter und Schwiegermütter hingegen kann man sehr gut gebrauchen. Sie sitzen gern im Schatten und besetzen damit nicht die Sonnenliegen. Währenddessen putzen sie das Gemüse fürs Abendessen und schälen Kartoffeln. Später fegen sie die Krümel zusammen und räumen den Tisch ab. Wenn man sie läßt, machen sie auch den Abwasch. Sofern man sie ganz lieb bittet, knacken

sie manchmal Mandeln – jedoch haben sie ein untrüg-
liches Gespür dafür, wenn 250 Gramm beisammen sind;
das reicht gerade für den geplanten Mandelkuchen. Am
besten gefallen ihnen Zitronenbäume, Katzen und kleine
Schweine. Bevor sie wieder abreisen, ziehen sie unaufgefordert die Bettwäsche ab und putzen Waschbecken
und Klo. Daß sie gerne stundenlang über den Markt
bummeln und an jedem Mallorca-Andenkenstand ste-
henbleiben, muß man ihnen nachsehen.

Schwiegerväter und Väter sind ebenfalls gern gesehene
Gäste. Sie bezahlen manchmal die Rechnung im Restaurant – vor allem, wenn sie dafür hinterher in *Bernardos Bar* noch eine – je nach Jahreszeit – heiße oder
kalte *lumumba* spendiert bekommen.

Nicht, daß wir kinderfeindlich wären, aber Leute mit
kleinen Kindern zu Gast sind für uns eine echte Prü-
fung. Die Kleinen neigen dazu, in Pools zu fallen und
sich an Agaven lebensgefährlich zu verletzen, außerdem
verschütten sie ihren Apfelsaft.

Es könnte auch sein, daß wir irgendwann mal den einen
oder anderen Besucher zu *Juan* in sein Immobilienbüro
schicken – ganz unverbindlich natürlich.

Plagegeister

Auf dem Land gibt es Fliegen.

Jeder weiß das, aber jemand, der sich in eine Finca verliebt hat und das dazugehörige alte Landhaus restauriert oder sich gerade sein Traumhaus baut, ignoriert dies zunächst. Oder er denkt einfach nicht daran, weil er sich während der Bauzeit ja nur recht selten dort aufhält und bei vorherigen Mallorcabesuchen, wo er in den meisten Fällen am Meer gewohnt haben wird, es einfach nicht bemerken konnte.

Aber, wo Tiere in der Nähe sind, wo gekocht und gegessen wird und vor allem, wo eine Sickergrube liebliche Gerüche verbreitet, da gibt es Fliegen. Nicht so viele wie Ameisen, aber ihre Zahl ist nicht unbedeutend.

Während des Sommers lassen sie sich noch einigermaßen tolerieren, da sie sich aufgrund der Trockenheit nicht so vermehren. Aber sobald im Herbst die ersten Regenfälle einsetzen, sind sie da.

Und sie sind überall!

Auf der Terrasse während des Essens natürlich, wo sie sich aber hauptsächlich auf die Speisen konzentrieren.

Zur echten Plage werden sie, wenn man sich ein Plätzchen zum Schlafen oder Sonnen ausgesucht hat, ringsum schön eingeölt ist und die Augen geschlossen hat. Der norddeutsche Fincabesitzer hat deshalb meist mehrere Exemplare farbenprächtiger Fliegenklatschen an strategisch wichtigen Punkten plaziert, um immer eine griffbereit zu haben, die Fliegen damit totzuschlagen und sie dann den Ameisen vorzuwerfen.

So weit so gut, unangenehm wird es nur, wenn derselbe Fincabesitzer mit seiner Klatsche die Quälgeister im

Haus erschlägt. Dann kleben die toten Fliegen überall auf dem Fußboden und an den Wänden, wo sie blitzschnell von der kleinen Ameisensorte gewittert werden und man damit sofort das größere Problem hat (siehe das Kapitel "Von Ameisen").

Es läßt sich natürlich einiges gegen die Plagegeister unternehmen. Die mallorquinische Variante sind in erster Linie metallene Kettenvorhänge, die man nicht nur vor jeder *panadería* sieht, sondern vor fast alle offenen Türen der Einheimischen. Man kann sich auch wunderschöne Fliegengitter in alle Fensterrahmen einbauen lassen, die nur unwesentlich den Meerblick trüben.

Die sehr sinnvollen Moskitonetze überm Bett sehen zwar dekorativ aus, nützen aber, wie ihr Name schon sagt, nur etwas gegen Stechmücken, da Fliegen die Nacht über schlafen; unsere Fliegen schlafen bevorzugt in einem Trockenblumenstrauß im Wohnzimmer.

Eine Überlegung wert ist auch die afrikanisch-marokkanische Methode, die Fliegengeplagten empfiehlt, mehrere Zitronen zu halbieren, sie mit Gewürznelken zu bestücken und diese überall im Zimmer und besonders auf dem Eßtisch zu verteilen. Abgesehen davon, daß man beim Spicken seine Kreativität entfalten kann, und die Zitronen nun einen erfrischend-würzigen Duft verbreiten, nützen sie gegen unsere Fliegen gar nichts.

Die Mauren, die ja lange Zeit auf Mallorca herrschten, überlieferten uns auch, daß Fliegen keine blaue Farbe mögen. Deshalb streichen die Mallorquiner heute noch zum Teil ihre Hauswände, oder zumindest die Fenster- und Türrahmen, blau an. Aber die gemeine mallorquinische Landfliege ist vermutlich farbenblind, denn ich habe schon welche genüßlich auf unseren blauen Stuhlkissen sitzen sehen.

Die meiner Ansicht nach wirksamste Methode empfahl uns ein Einheimischer :

Es war in seinem Restaurant, wo wir über der Eingangstür eine kleine, mit einer klaren Flüssigkeit gefüllte und zugebundene Plastiktüte hängen sahen. Nach einer Weile fragten wir den Patron nach Sinn und Bedeutung und dachten eigentlich, daß er uns nun einen besonderen mallorquinischen Brauch, vielleicht gegen unliebsame Gäste, erklären würde.

"*Es contra las moscas*", sagte er – gegen die Fliegen also.

Auf die Frage, was denn im Beutel sei, meinte er: "*Solamente agua. No sé por qué, pero funciona.*" – "Nur Wasser; ich weiß nicht warum, aber es funktioniert."

Wir schauten wohl etwas ungläubig drein, aber am nächsten Tag wollte ich es zumindest probieren.

Ich füllte also mehrere durchsichtige Plastikbeutelchen mit Wasser und hängte sie, mit hübschen Bändchen verziert, vor sämtliche Löcher – das heißt, vor alle Fenster und Türen.

Als ich noch damit beschäftigt war, kam *Juan* vorbei, der mich sogleich freundlich interessiert nach dem Zweck fragte. Auch er schaute mich etwas skeptisch an, teilte mir aber, als ich ihn das nächste Mal sah, mit, daß *Catalina* nun auch solche Wassersäckchen aufgehängt habe.

In der folgenden Zeit fielen uns dann auch in anderen Gegenden der Insel an verschiedenen Häusern solche Wasserbeutel auf. Diese Methode der Fliegenbekämpfung war also vielen Leuten bekannt. Ich glaube fest daran und erzähle jedem, daß wir seitdem kaum noch unter Fliegen leiden; und wir haben auch schon etliche Nachahmer gefunden.

Eines Tages las ich dann in einer spanischen Zeitschrift eine plausible Erklärung für die Wirksamkeit dieser Methode: wenn die Fliegen im Anflug sind und sich solch einem Wasserbeutelchen nähern, sehen sie sich selbst tausendfach vergrößert, erschrecken sich zu Tode und ergreifen die Flucht. Und da Fliegen mit Facettenaugen ausgestattet sind, sehen sie die Riesenfliegen auch noch tausendmal vervielfältigt.

Wem das nicht einleuchtet, dem ist nicht zu helfen.

Der Vollständigkeit halber muß ich noch die "Rotweinfliege" erwähnen. Sie ist sehr klein und gehört wohl zur Gattung der Fruchtfliegen; außerdem ist sie, im Gegensatz zu allen anderen Fliegen, nachtaktiv.

Kaum sitze ich mit einem Glas Rotwein – Inselgewächs natürlich – auf der Terrasse, um dem schwindenden Tageslicht nachzuschauen, sind sie im Anflug. Unbemerkt landen sie in meinem Glas, immer zu mehreren, um nach meinem nächsten Schluck mit fliegenbitterem Beigeschmack ameisensicher entsorgt zu werden.

Spätestens da war mir klar, warum die Spanier die *tapas* erfunden haben.

Nicht unerwähnt bleiben dürfen die *mosquitos*, die Stechmücken. Schon im Hochsommer fallen sie bei Einbruch der Nacht, während wir auf der sommernachtslauschigen Terrasse den Tag ausklingen lassen, begierig und heimtückisch unter dem Tisch über uns her. Einer von uns kratzt sich ständig mehr oder weniger dezent am Bein. Und dann nach den ersten kräftigen Regenfällen im September, den *gotas frías*, zucken ihre Larven in jeder felsigen Vertiefung, in der sich das Wasser für eine Weile gesammelt hat. Nach kürzester Entwicklungszeit gehen sie zum Angriff über, um sich genüßlich an unserem Menschenblut zu laben.

Süßes Blut hin oder her, kaum hat man ihr leises Sirren vernommen, haben sie auch schon zugestochen.

Die Batterien von Antimückenlichtern, die stimmungsvoll unsere Terrasse ausleuchten, halten sie nicht ab. Auch unsere mit diversen im Fachhandel erhältlichen Flüssigkeiten gründlich eingeriebenen freien Hautstellen schützen uns eher vor der Annäherung uns sympathischer Zweibeiner als vor nächtlichen Plagegeistern. Und freie Hautstellen haben wir, der sommerlichen Wärme wegen, reichlich!

Sollte es etwa nur an den Moskitos liegen, daß die mallorquinischen Männer und Frauen am Abend keine kurzen Hosen und Röcke tragen?

Was also tun? Die Nacht ist noch lang. Unsere Persiannas vor den Fenstern wagen wir eh schon nicht mehr zu öffnen, aber für Stechmücken stellen sie sowieso kein ernstzunehmendes Hindernis dar.

Wenn wir dann endlich unsere mit Quaddeln übersäten und mit Antimückenstichgel gepflegten Beine im Bett unterm Moskitonetz ausgestreckt haben, fühlen wir uns zunächst in Sicherheit ... Bis ein wohlbekanntes hohes Sirren direkt am Ohr uns aus dem ersten Schlummer reißt und uns händeklatschend unterm Netz herumhüpfen läßt. Erwischt!

Nun halten wir uns schon seit längerer Zeit zwei Geckos im Haus.

Eines Tages haben sie sich hereinverirrt, und wir lassen sie inzwischen unbehelligt. In jedem gepflegten mallorquinischen Haushalt gibt es welche.

Tagsüber schlafen sie irgendwo hinterm Schrank. Erst bei einbrechender Dunkelheit werden sie aktiv und stürzen sich blitzschnell wie kleine Krokodile auf alles, was fliegt.

Mittlerweile sind sie schon recht fett geworden, und einmal hauste einer von ihnen ein paar Tage und Nächte mit uns zusammen unterm Moskitonetz.

Sie stören uns überhaupt nicht, sind kostenlos und sehr effektiv.

Ich schwöre es, nur ein einziges Mal habe ich einen winzigen vertrockneten Gecko im länger nicht benutzten Gästebett gefunden – na ja, und einmal klebte ein schwarz verbrannter am Rand des Pflaumenkuchenbleches, das ich gerade aus dem Backofen gezogen hatte; er ließ sich aber ganz leicht davon abkratzen.

Ich denke, wir sollten uns doch überlegen, eines Tages ein Schwein anzuschaffen, ein schwarzes *Sobrasada*-Schwein. Ganz bestimmt wären dann alle Fliegen und Mücken bei ihm im Schweinestall versammelt.

Vom schwarzen Schwein

Die mallorquinische Variante des Hausschweins ist – wie schon erwähnt – schwarz.

Schlank und hochbeinig lebt es meist auf großen Weiden, Mallorcas würzige Luft atmend, die warme Sonne je nach Jahreszeit mehr oder minder genießend. Kein Schwein der Welt hat soviel Auslauf wie das mallorquinische *porc negre*. Es kann nach Lust und Laune jederzeit einen Schweinsgalopp einlegen, sich in roter Erde wälzen oder seinen borstigen Rücken nach Bedarf an einer Steinmauer scheuern.

Es erhält das beste Futter, was es später dann mit dem würzigsten Schweinefleisch zu danken weiß.

Voller Stolz im Bewußtsein seiner Bedeutung für Mallorca blicken seine klugen Schweinsaugen auf die rosigen Verwandten herab. Nicht nur, daß sein Fleisch ein exklusiver Exportartikel für das europäische Festland ist, keinem anderen Schweinefleisch vergleichbar, sondern vor allem, weil seine schwarzen Vorfahren einst den Grundstein für den Tourismus gelegt haben, indem extra für sie eine regelmäßige Fährverbindung nach Barcelona zum Festland eingerichtet wurde. Die konnte auch von Reisenden benutzt werden, die damals schon Ruhe und Erholung auf der Insel suchten und fanden. Zurück mußten sie dann wohl oder übel zusammen mit den Schweinen reisen.

Das Fleisch des schwarzen Schweins hat weniger Fett, und die daraus hergestellte besondere Wurst, die mit Chili und Paprika gewürzte *sobrasada*, die es nur auf Mallorca gibt, ist unnachahmlich.

Und so hält sich nicht nur der mallorquinische Bauer, sondern auch so mancher Städter, der oft auch noch auf dem Land ein Häuschen und Grundstück, eine *Finca*, hat, gern solch ein schwarzes Schwein.

Und daraus ergibt sich automatisch die hohe Bedeutung des Schweins für Mallorcas Tourismus.

Denn der zukünftige Fincabesitzer, der eine bestimmte Gegend, vielleicht schon ein bestimmtes Haus oder Grundstück im Auge hat, weiß vor allem eins: ländlich und ruhig sollte es sein. Gute Luft, Vogelgezwitscher und keine Straße in der Nähe – weitab von Bettenburgen sowieso. Leichtes Schafsglockengebimmel in der Dämmerung wäre nett, und Ortsnähe wegen des täglichen frischen Brotes nicht schlecht.

Aber ein Schwein in unmittelbarer Nachbarschaft auf keinen Fall!

So ländlich nun auch wieder nicht!

Wie sehr so ein Schwein die Entscheidungsfindung beim Hauskauf beeinträchtigen kann, davon vermag so mancher geprüfte Immobilienverkäufer der Insel ein Lied singen!

Wir kennen jemanden, der sich lange und ernsthaft geprüft hat, ob er tatsächlich in enger Nachbarschaft mit einem Schwein wohnen könnte. Erst als sein mallorquinischer Nachbar ihm versicherte, daß das Schwein im November geschlachtet würde, hat er das Haus gekauft. Wahrscheinlich hat der Nachbar vergessen ihm zu sagen, daß er jedes Frühjahr ein neues Ferkel kauft.

Dabei wäre es doch so praktisch! Man bräuchte keine weiten Wege in Kauf zu nehmen, um gewissensneutral sein trocken gewordenes Brot und die angeschrumpelten Äpfel zu entsorgen. So ein Allesfresser freut sich über jegliche Art von Küchenabfällen, und es ist eine wahre Freude zu sehen, wie er laut schmatzend alles vertilgt, was sonst im Abfalleimer landen würde. (Die Anlage eines Komposthaufens will wegen der Ratten gut überlegt sein).

Wahrscheinlich könnte man auch mit dem Schweineeigner einen guten Preis für ein Stück Schinken oder eine gute Wurst aushandeln, wenn das Schwein im November bei der *matanza* seiner eigentlichen Bestimmung zugeführt wird.

So ein Schlachtfest ist auf Mallorca einer der ältesten und wichtigsten Bräuche, wobei sich die ganze Familie versammelt und kräftig feiert und vom Schwein nach ein paar Stunden nichts Unverarbeitetes mehr zu sehen ist – bis auf den Ringelschwanz, der nach alter Sitte dem jüngsten Familienmitglied als Trophäe überreicht wird.

Was es damit macht, habe ich bis jetzt allerdings noch nicht herausgefunden.

Matanza

Alljährlich, am ersten Samstag im November, wird im Haus von *Catis* Mutter ein Schwein geschlachtet. Ich war eingeladen, an einem richtigen Hausschlachtfest, der *matanza*, teilzunehmen. So gegen neun Uhr morgens sollte ich kommen.

Das Schwein war schon geschlachtet – Gott sei Dank! Da stand ich nun in einer großen Garage, die sich nach hinten zu einem weiten Hof öffnete. Männer, Frauen und Kinder liefen geschäftig umher, überall standen riesige Zinkwannen herum, bis oben hin gefüllt mit Teilen vom Schwein – es roch nach frischem Blut.

Früh am Morgen, als die ersten Sonnenstrahlen die Nacht noch nicht verscheucht hatten, waren die Männer der Familie zusammen gekommen. Man sprach nicht viel, und der Hausherr, *Catis* Onkel, hatte an jeden erst einmal, so will es der Brauch, eine Ration *casalla* verteilt. Dabei handelt es sich um eine hausgemachte, herbe Likörmischung aus Kräutern und Anis, in der dicht an dicht getrocknete Feigen eingelegt sind. Dazu ißt man ein paar *galletas*. Dermaßen gestärkt, waren die Männer nun auf ihre Aufgabe vorbereitet.

Über das Schwein will ich keine großen Worte verlieren, ihm wurde kurz darauf mit einem gekonnten Schnitt die Kehle durchgeschnitten, sein Blut in einer großen Wanne aufgefangen – das würde man später noch brauchen. Dann ging alles ganz schnell, das Schwein wurde zerteilt in Filetstücke, Schnitzel, Nackenstücke und Schweinebauch – die Leber, das Herz, die Milz und die Lunge und ein Schälchen Blut wanderten Richtung Küche, wo die beiden ältesten Frauen schon eifrig beim

Kartoffelschälen und Gemüseputzen waren. Sie bereiteten den *frito* zu, ohne den es kein ordentliches Schlachtfest wäre, und der nach getaner Arbeit alle sättigen und belohnen sollte.

In einer sonnigen Ecke im Hof waren die Tanten, Schwestern, Cousinen und Töchter damit beschäftigt, die Schweinedärme zu säubern. Zum Glück herrscht auf Mallorca kein Mangel an Zitronen, denn die wurden jetzt gleich kiloweise gebraucht: zuerst wurden die Därme mit viel reinem Zitronensaft gespült, danach mit einer Mischung aus Wasser und Zitrone, schließlich mit viel grobem Meersalz kräftig gewalkt und ausgerieben und zum Schluß noch einmal mit Zitronensaft und Essig gereinigt. Der ganze Haufen sauberer, weißer, glitschiger Schweinedärme wurde dann in die Mitte eines großen, hölzernen Arbeitstisches drapiert, und alle Frauen setzten sich drumherum. Die größeren Mädchen durften nun die Därme der Reihe nach in wurstgroße Stücke zerschneiden, und die kleinen fädelten eifrig weißen Zwirn in feine Nähnadeln. Das war , wie ich sehen konnte, eindeutig Frauenarbeit, und, nachdem ich es mir noch eine Weile gründlich überlegt hatte, bot ich meine Hilfe beim Schweinedarmnähen an. Das traute ich mir zu, denn immerhin habe ich sowohl Talent als auch Erfahrung im Knöpfeannähen.

Ich erinnere mich nicht mehr so genau, aber ich meine, daß ich etliche abwägende und skeptische Blicke beobachten konnte. Eine Ausländerin? Eine Städterin? Ob die das kann?

Aber ich war nun wild entschlossen, und mir wurde dann auch bereitwillig ein Stuhl in die große Runde gerückt und eine eingefädelte Nadel gereicht. Ein Stück vom Schweinedarm durfte ich mir selber aussuchen. Eiii, war der glitschig! Da mußte man aufpassen, daß man mit der Nadel nicht ausrutschte, und der Faden verzwirbelte sich dauernd von den feucht-schmierigen Hautfetzchen. Mir fehlte eindeutig die Übung, das konnte jeder sehen. Aber so beim dritten oder vierten Versuch gelang mir schon eine anständige, brauchbare Wurstnaht, und mein Haufen präparierter Därme konnte sich durchaus sehen lassen.

Da setzte sich auch schon die erfahrenste Wurstmacherin vor die altertümliche Wurstmaschine, die einem riesigen Fleischwolf nicht unähnlich war, stülpte die erste Darmpelle mit ihrem offenen Ende über eine lange, spitz zulaufende Tülle, glättete sie und hielt sie lose in der Hand. Oben in den weiten Trichter kippten nun zwei der Männer die Wurstmasse hinein, ein dritter drehte mit aller Kraft die schwere Kurbel – schön langsam und mit Gefühl, in gleichmäßigem Rhythmus. Unten füllte sich das erste Stück vom Dünndarm und wurde nach genau dreißig Zentimetern geschickt verdreht, bevor die zweite Ladung in den nächsten Abschnitt gequetscht wurde: die erste *longaniza* war fertig. Immer schneller füllten sich die Därme. Die *butifarrones* türmten sich neben den *longanizas*, bis einer sie mit dünnen Stricken paarweise zusammenband und auf lange Holzstangen hängte, die oben quer an der Wand angebracht waren.

Mateo-Josep, Catis Sohn, hatte sich mittlerweile die Ärmel bis ganz oben hin hochgekrempelt, beugte sich über eine große Zinkwanne mit feuerroter Wurstmasse, versenkte die Arme bis zu den Ellenbogen dahinein und begann mit beiden Händen kräftig zu kneten. Von Zeit zu Zeit probierte eine der Frauen ein bißchen von dem in einem Pfännchen angebrutzelten roten Zeug, reichte es einer anderen zum Kosten, schmeckte mit in die Ferne gerichtetem Blick – nein, noch zuwenig Salz und Gewürz! Ein weiteres halbes Pfund vom roten Paprika und ein paar Hände voll Salz wurden in die Mansche geschüttet, und *Mateo-Josep* knetete und knetete. Die Arme wurden ihm lahm, aber es half nichts – das war seine Sache, aus Tradition: der *sobrasada* galt sein persönlicher Ehrgeiz; da brauchte man Kraft in den Fingern – die Masse konnte nur er so richtig mischen und fein zerkneten.

Endlich war er fertig, die gesamte *sobrasada*-Masse hatte die Wurstmaschine passiert und baumelte, nun in dicke knuffige Würste verwandelt, neben den anderen an der Stange.

Aus der Küche wehte ein würziger Duft von Zwiebeln, Fenchel und Lorbeer herüber, die Frauen hatten den langen Holztisch für fünfundzwanzig Personen gedeckt, das Brot war geschnitten, der Wein stand in tönernen Krügen auf dem Tisch – und die Uhr zeigte erst halb zwölf!

Frische *sobrasada* wurde in einer alten schwarzen Pfanne geschmurgelt und jeder mußte ein wenig davon probieren – ja, sie war wieder gut geworden in diesem Jahr!

Schon wurde in rustikalen Keramikschüsseln der dampfende *frito* aufgetragen – und ich war froh, daß man von seinen einzelnen Zutaten nicht mehr allzuviel erkennen konnte.

Übers Jahr verteilt bekommen wir viele *sobrasada*-Würste geschenkt; da wir sie nicht alle selbst aufessen können, eignen sie sich hervorragend als originelles Mitbringsel von Mallorca. Ich glaube, sie zirkulieren in unserem gesamten Bekanntenkreis und hoffe nur, daß sie nicht eines Tages bei ihrem ursprünglichen Besitzer wieder auftauchen werden.

Praktische Mallorquiner

Der Spanier im allgemeinen sowie der Mallorquiner im besonderen ist praktisch veranlagt. Davon profitiert in erster Linie die mallorquinische Hausfrau.

Bevor uns in Deutschland eine bekannte Haus-Reinigungs-Utensilien-Firma bequeme Putzlappenstreifen am Stiel anbot und damit für immer vom lästigen "Putzlappen-um-den-Schrubber-Wickeln" befreite, konnte die Hausfrau in Spanien nicht nur schon seit ewigen Zeiten damit höchst bequem ihren Terrakotta-Fußboden wischen, sondern auch ebenso leicht und rückenschonend mit ihrer Kehrschaufel am langen Stiel vorher den Dreck zusammenfegen.

In der Küche verfügt sie über ein in allen erdenklichen Größen erhältliches irdenes Kochgeschirr, die *greixoneiras*, in denen es sich ganz hervorragend braten und kochen läßt. Speisen halten sich darin wunderbar und über lange Zeit warm; darüber hinaus zieren *greixoneiras* auch noch formschön den rustikalen Mittagstisch. Je älter sie werden, desto schöner sind sie. Und bekommen sie nach langem Gebrauch einen Sprung oder eine abgeschlagene Stelle, eignen sie sich bestens als Pflanzschalen für die Kaktussammlung und die Geranienableger.

Nicht, daß es keine Edelstahltöpfe gäbe – aber die wären doch, da sie nicht rosten, im Garten ein absoluter Schandfleck!

Da die Mallorquiner gerne in Gesellschaft essen und dabei stundenlang die unterschiedlichsten Speisefolgen lieben, verbringt die mallorquinische Hausfrau nicht nur viel Zeit am Herd, sondern vorher auch noch beim Einkaufen der Zutaten.

Deshalb haben sich die ansässigen Supermärkte ein besonderes System einfallen lassen, das die lästige Warterei an der Wurst- und Käsetheke und in der Fleischabteilung erheblich abkürzt. Jeder, der schon einmal hinter einer einheimischen Hausfrau beim Schlachter im Supermarkt stand, um sein halbes Pfund *carne picada* zu kaufen, weiß, wovon ich spreche. So mancher hat deshalb des öfteren schon auf "heute fleischlos" umdisponiert und entnervt aufgegeben.

Am Wochenende und besonders vor Feiertagen empfiehlt es sich sehr, gleich bei Betreten des Ladens auf direktem Weg nach hinten zu eilen und sich sowohl beim Käse als auch beim Fleisch ein Nummernzettelchen aus dem Spender zu ziehen. Wir haben die Nummer 92 gezogen, und ein kurzer Blick auf die mit großen roten Leuchtziffern versehene Anzeigentafel zeigt uns, daß gerade die Nummer 86 dran ist. Noch sechs Kunden vor uns, von denen vier ganz gewiß Mallorquinerinnen sind! Das bedeutet, daß man nun genügend Zeit hat, in Ruhe seine anderen Einkäufe zu erledigen, und sich nicht in die Schlange stellen und dabei mindestens eine halbe Stunde Zeit vertrödeln muß. Schließlich haben wir ja selten jemanden vor oder hinter uns, mit dem wir uns plaudernd die Wartezeit verkürzen könnten. Die Leuchtzifferntafel behalten wir natürlich scharf im Auge und eilen sofort zur Fleischabteilung, sobald unsere Zahl aufleuchtet.

"*A quién toca*?" – "*A mí*!" und ich halte triumphierend aus der zweiten Reihe mein Zettelchen hoch – sehr zum Verdruß der netten Touristin aus Deutschland, die seit einer halben Stunde in der Warteschlange steht! Und in aller Seelenruhe lasse ich mir dann nicht nur die

Hammelkeule entbeinen, sondern auch noch zwei ganze Kaninchen in mundgerechte Stücke zerteilen, während mir der Schlachtermeister in aller Ausführlichkeit die Zubereitung erklärt. Und wenn ich seine Familienverhältnisse besser kennen würde, hätte ich mich auch noch höflich nach der Gesundheit der Oma erkundigt.

Als sehr praktisch empfinde ich auch die Gewohnheit, an Sommerabenden die Großeltern auf die Straße zu setzen.

Fast vor jedem Haus sieht man einen oder auch mehrere der alten Leutchen auf einem mehr oder weniger bequemen Stuhl neben der Haustür sitzen, angeregt ins

Gespräch vertieft oder mit Handarbeiten beschäftigt. Tagsüber wegen der Hitze ins Haus verbannt, dürfen sie nun die kühlere Nachtluft genießen, ein Schwätzchen mit der Oma von nebenan halten und dabei noch beobachten, was alles so auf der Straße passiert. So nehmen sie ohne großen Aufwand am Dorfleben teil und gönnen gleichzeitig ihren Kindern ein paar Stunden, nur unter sich zu sein. Sehr praktisch – kein Großvater, der despotisch über das Fernsehprogramm bestimmt, welch eine Wohltat!

Einmal sahen wir allerdings, daß eine alte Dame verkehrt herum draußen saß, mit dem Gesicht zur Hauswand. Zunächst dachten wir, da sei in der Eile ein Mißgeschick passiert, und die Großmutter könne allein ihren Stuhl nicht herumrücken. Beim Näherkommen merkten wir dann, daß sie von draußen durchs Fenster drinnen in der Wohnstube das Fernsehprogramm verfolgte.

Ihre praktische Ader beweisen die Mallorquiner auch im Straßenverkehr. Zuerst einmal sind, so hat es den Anschein, alle innerörtlichen Straßen, die nach Palma führen, vorfahrtberechtigt.

Hat der Fremde nicht ein besonders ausgeprägtes Richtungsempfinden, das heißt, weiß er im Straßengewirr einer Inselkleinstadt nicht mit absoluter Sicherheit, in welcher Himmelsrichtung die Hauptstadt liegt, wird er augenblicklich zum Verkehrshindernis, da er vor jeder von rechts einmündenden Gasse den Fuß vom Gas nimmt und drastisch seine Geschwindigkeit vermindert. Kommt gar ein Auto von rechts, hält er an, dem verständnislos dreinblickenden Einheimischen heftig winkend. Der fährt aber gar nicht nach Palma und will deshalb auch keine Vorfahrt.

Auch in anderen Fällen sollte man sich nicht unbedingt auf die uns geläufigen Vorfahrtsregeln verlassen. Sie sind dem Spanier zwar nicht fremd, erscheinen ihm aber nicht immer praktisch.

Ein anderes Beispiel sind neuerdings verkehrsberuhigte Straßenabschnitte. Da Verkehrsschilder – wie jeder weiß – für sich allein wenig nützen, haben auch die Mallorquiner sich einiges einfallen lassen, um Autofahrer zum Langsamfahren zu zwingen.

Bei uns im Ort hatten sie zunächst suppentellergroße Metallknöpfe auf den Asphalt genagelt, die jeden, wollte er keinen Achsenbruch riskieren, zum sofortigen Bremsen nötigten.

Tempo 30 war kein Problem mehr!

Nun gut, man kennt das ja von Deutschland auch.

Was wir nicht kannten, war die Findigkeit der Einheimischen. Schon bald waren sie die Hoppelei leid und nach ein paar Wochen wurden jeweils zwei der Metallknöpfe entfernt, gerade im richtigen Abstand, so daß man jedes Gefährt mit normal breitem Räderabstand durch die so entstandenen Lücken hindurchmanövrieren kann. Damit es gelingt, muß man allerdings nach wie vor die Geschwindigkeit reduzieren.

Inzwischen haben sie die Knöpfe aber alle wieder abmontiert und durch kaum merkliche Bodenschwellen ersetzt; nur eine große, weiße, im gleißenden Sonnenlicht schnell verblassende "40" auf dem Asphalt erinnert den aufmerksamen Fahrer ans Langsamerfahren.

Besonders praktisch sind die Tankstellen.

Braucht man eine neue Tankfüllung, fährt man einfach vor die Zapfsäule. Sofort eilt ein junger Mann herbei, der die Hand nach dem Zündschlüssel ausstreckt und uns dabei fragend anschaut.

"*Lleno, por favor*" – "voll bitte" – ist alles, was man an Vokabular benötigt, meist reicht aber auch eine mit der rechten Hand auf Augenhöhe ausgeführte kurze waagerechte imaginäre Linie durch die Luft.

Während man bequem sitzen bleibt, wird nun das Auto betankt, und zwar so lange, bis die Peseten-Anzeige exakt auf einem runden Tausender stehen bleibt.

Dies erspart uns beim Bezahlen das mühselige Suchen und Wühlen nach den richtigen Münzen, die es schließlich immer in mehreren Ausführungen gibt, und nur dem Geübten einen sofortigen Überblick gewähren.

Auch dem Tankwart erspart es aufwendiges Rechnen im vierstelligen Bereich – allerdings auch das Trinkgeld. Aber das möchte er sowieso nicht.

Um so zu tanken, müssen wir neuerdings leider immer weitere Wege in Kauf nehmen, weil die alten Tankstellen immer mehr von den modernen Selbstbedienungs-Tankstellen verdrängt werden.

Winter

Den wahren Fincabesitzer erkennt man schon am Geruch. Je nach Windrichtung weht ihm ein ganz spezifischer Hauch voraus oder hinterher: der Muff. Kein noch so teures französisches Wässerchen kann ihn überdecken. Er sitzt überall.

Im Sommer durch die Hitze leicht in seine Schranken verwiesen, breitet er sich in der kühleren Jahreszeit um so vehementer aus. Besonders gern sitzt er im Kleiderschrank, wo er sich genüßlich in jedem Kleidungsstück einnistet, das nicht in einem hermetisch zugebundenen Plastiksack steckt.

Trotz Unmengen liebevoll gebastelter Lavendelsäckchen, duftender Zedernholzstückchen und Töpfchen mit Gewürznelken, die nicht nur der Mottenvertreibung dienen, sondern auch jedes für sich Wohlgeruch verbreiten, ist er da – unüberriechbar.

Jedes frisch gewaschene Stück überfällt er sofort wieder mit seiner Penetranz. Ebenso gern nistet der Muff in klammen Betten, die nur kurzfristig mit Heizdecken zu trocknen sind. Will man seine Stromrechnung nicht überstrapazieren und schaltet sie tagsüber aus, ist der Muff wieder da.

Gehört man zu den von vornherein oder durch Erfahrung klugen Leuten, die über eine Zentralheizung verfügen und sie zwei Wochen vor ihrer Ankunft haben einschalten lassen, hat man dieses Problem – wie man uns versichert – natürlich nicht oder zumindest weniger. Ganz will ich es bei Mallorcas hoher Luftfeuchtigkeit nicht ausschließen.

Unsereins aber, im Vertrauen auf das klimaerfahrene Verhalten der Einheimischen, kauft einen Butangasofen.

Der verbreitet auch wunderbare Wärme in seiner un-
mittelbaren Umgebung, erreicht aber, wenn er im
Wohnraum neben dem Eßtisch steht, mit seiner Heiz-
kraft weder die Betten im Schlafzimmer noch den Kleiderschrank. Noch nicht einmal das feuchte Schwamm-
tuch in der zwei Meter entfernten Küche vermag er zu
trocknen, von den Geschirrtüchern ganz zu schweigen.
Leider hat uns der Ofenverkäufer nicht verraten, daß
beim Verbrennen von Butangas Feuchtigkeit entsteht.
Das haben wir erst Jahre später – wie kann es anders
sein? – von lieben deutschen Freunden erfahren.

In früheren Zeiten hatten die Mallorquiner außer dem offenen Herdfeuer zusätzlich unterm Tisch, der mit einer bis auf den Boden reichenden Tischdecke verhängt war, ein kupfernes Becken (*brasero*) in einer besonderen Holzkonstruktion (*camilla*), stehen, in welchem Mandelschalen brannten, die mit ihrer Glut immerhin die Füße wärmten. Nur selten gab es dabei verbrannte Socken und so gut wie nie einen Zimmerbrand.

Auch wußten sie damals, daß man nicht in unmittelbarer Nähe des Wassers bauen darf. Nicht nur wegen der Piraten, sondern vor allem, um etwas mehr Abstand zum salzig gischtenden Meer zu haben. Auf den Meerblick haben sie dabei zwar verzichtet, dafür aber doch wenigstens wesentlich trockener gewohnt als die heutigen zugezogenen Fremden, die mit Begeisterung ihr Haus am Meer bauen. Und die meterdicken Wände ihrer Häuser schützten sie nicht nur im Sommer vor der Hitze, sondern auch im Winter vor der feuchten Kälte.

Wahrscheinlich ist die allgegenwärtige Feuchtigkeit der Grund dafür, daß es auch heute noch Einwohner im Innern der Insel geben soll, die in ihrem Leben noch nicht ein einziges Mal am Meer gewesen sind.

Es ist mir eine Herzensangelegenheit zu erwähnen, wie ungemein vorteilhaft Fenster und Türen sind, die nicht ganz dicht schließen. Ein stetiger Luftzug im Haus verhindert eine massive Schimmelbildung an den Wänden und Rostanflug auf dem Besteck. Nichts ist unnützer als gut abgedichtete Doppelfenster nach deutschem Vorbild; da sitzt man schnell in einer feuchten Tropfsteinhöhle, mit fließendem Schwitzwasser an den Fensterscheiben. Und wer unter Rheuma leidet, kann ja ein bißchen dichter ans Kaminfeuer rücken.

Auch darf man einen besonderen winterlichen Vorteil nicht verschweigen: das Toilettenpapier ist immer so angenehm feucht. Und manchmal frage ich mich, ob wir uns nicht doch besser für schimmelgrüne anstelle von weißen Klobrillen hätten entscheiden sollen.

Da wir kein offenes Herdfeuer mehr haben und nicht nur einen einzigen Raum bewohnen, wie die Menschen hier vor zweihundert Jahren, haben wir uns noch einen schönen gußeisernen Ofen setzen lassen, der mit seinem langen Ofenrohr, das durch die Zimmerdecke führt, auch noch Wärme im Schlafzimmer abgibt. Das Gute daran ist, daß wir nun problemlos durch das dadurch entstandene Loch jedes Gespräch aus dem Wohnraum unten mithören können; aus Sicherheitsgründen gehen wir seitdem immer als letzte zu Bett.

Aber nichtsdestotrotz, auch uns umweht nach wie vor der Muff, das winterliche Inselbewohner-Odeur; aber zum Glück ist es damit wie mit der Knoblauchfahne: haben sie erst einmal alle, bemerkt sie keiner mehr.

Der findige und mit der Zeit schlau gewordene Fincabesitzer überläßt gern lieben Freunden oder Verwandten rechtzeitig, das heißt mindestens zwei Wochen vor seiner Ankunft, sein Haus auf Mallorca.

Nein, nicht etwa aus Nächstenliebe – sondern aus dem einzigen Grund und verständlichen Wunsch, daß sie sein Haus mittlerweile trockenwohnen mögen.

Weihnachten

Früher oder später möchte jeder Haus- und Fincabesitzer zum ersten Mal das Fest auf Mallorca verbringen.

Hat man die erste Hürde im heimatlichen Reisebüro genommen und für die gewünschten Tage die Tickets für die Familie beisammen, was größere organisatorische Fähigkeiten voraussetzt, da Mutter schon eine Woche vorher fliegen möchte und die größeren Kinder spätestens am 30. Dezember nach Hause wollen, geht es mit den Vorbereitungen erst richtig los.

Es muß ja auch an alles gedacht werden.

Erstens müssen Geschenke möglichst kleinformatig und leicht sein, zumindest sollen sie in die Koffer passen.

Zweitens möchte man es im fernen Süden – muß man schon auf das norddeutsche Schmuddelwetter verzichten – so weihnachtlich wie möglich haben. Im Handumdrehen ist ein Koffer bis oben hin vollgepackt mit Kerzen und Haltern, mit sternenbesetzten Tischdecken und Servietten, mit neuen Kugeln, originalverpackt im bruchsicheren Paket, mit Engelchen jeder Größe, mit elektrischen Minilichterketten und einer zweiten Verlängerungsschnur, mit einer Blechdose voll von selbstgebackenen Plätzchen sowie dem alten Fonduetopf nebst dazugehörigen Gabeln und Brennpaste. Die Weihnachtsliederkassetten dürfen auch nicht fehlen, ebensowenig wie die Geflügelzange!

Apropos Geflügel: "Ich muß doch wohl nicht auf die Weihnachtsgans verzichten, oder?", tönt es männlich anspruchsvoll mitten in die Vorbereitungen und wird in den letzten zwei Wochen vorm Abflug zum Zentralthema: man könnte ja eine gefrorene polnische Gans im Handgepäck mitnehmen.

Da wir aber Ratten, Ameisen und Katzen bedenken müssen, und die Gans schon drei Tage zu früh aufgetaut sein würde, ja eigentlich schon bei der Ankunft am Flughafen in Palma ins Rohr müßte, verwerfen wir den Gedanken. Eine lebendige möchten wir auch nicht mitnehmen, da wir die Hundekiste in diesem Jahr noch für den Hund brauchen, und ihr im übrigen auch niemand zu gegebener Zeit den Hals umdrehen könnte. Also, keine Gans in diesem Jahr!

"Wieso, auf Mallorca wird man doch irgendwo eine Gans kaufen können! Schließlich leben schon genügend Deutsche auf der Insel!"

Nur die Ruhe, wir werden ja sehen. Für alle Fälle wandert noch ein Paket Klöße im praktischen Kochbeutel in den Koffer.

Nachdem unserem Jüngsten bereits vorm Abflug sein Arsenal an Chinaböllern und Leuchtraketen von der Sicherheitskontrolle abgenommen wurde, trifft die Familie mehr oder minder freudig gestimmt endlich auf unserer Finca ein.

Der Himmel ist blau, die Rosen blühen im Garten und aus dem Haus tönt vorweihnachtlich "*I'm dreaming of a white Christmas*", unser aller Lieblingslied.

Drinnen alles weihnachtlich geschmückt mit Kerzenlicht und beinahe echtem Tannenbaum und Wacholdergirlande über der Tür. Der Kühlschrank ist gefüllt, und das Feuer brennt im Kamin.

Gut, daß Mutter schon vorgeflogen ist; sogar die Gans ist beim Schlachter bestellt!

"*Ningún problema*", die Gänse kommen am 24sten aus Palma – ganz bestimmt!

Zugegeben, mit der weihnachtlichen Stimmung taten wir uns alle ein bißchen schwer. Besonders morgens beim Frühstück in der Sonne an der warmen Hauswand mit Blick in den Garten – auf die Rosen und Bougainvilleas, die Zitronen am Baum, auf die blühenden Aloes, die aussahen, als hätten sie rote Kerzen aufgesteckt und die großen weißen Glocken der Engelstrompete. Immerhin, die Pflanze hatte das gewisse Etwas.

Am Abend funktionierte es mit den Weihnachtsgefühlen wesentlich besser; nicht nur die Dunkelheit, die das Kerzenlicht so recht zur Geltung brachte, sondern vor allem die Temperaturen erinnerten uns an die kalte Jahreszeit .

Trotzdem, es war schon weise überlegt, daß Gottes Sohn im Mittelmeerraum zur Welt kam. Und der Gedanke daran und daß Maria ihn mittags in die wärmende Sonne legen konnte, zusammen mit dem Gebimmel der Schafe, das vom nachbarlichen Feld herüberklang, all das brachte uns in eine besondere Stimmung. So muß es damals gewesen sein. Wie schön, daß hier erst am 6. Januar die Heiligen Drei Könige die Geschenke für die Kinder bringen – wie damals in Bethlehem!

Am heiligen Abend gingen wir nach unserer deutschen Bescherung unterm goldgeschmückten Lorbeer-Pyramidenbaum in die Mitternachtsmesse der großen Kirche im Ort und setzten uns dort in die letzte Bank.

Die berühmte alte Orgel intonierte die uns bekannten Choräle, und der Pfarrer hielt seine Predigt. Da er sie in *mallorquín* abhielt, verstanden wir zwar kein Wort, aber am Tonfall und daran, daß Maria María und Josef so ähnlich hieß, merkten wir, daß gerade die Weihnachtsgeschichte vorgelesen wurde.

Als wir, zusammen mit den Dorfbewohnern, durchs große Portal hinaus auf den hellerleuchteten, mit Lichtergirlanden geschmückten Marktplatz traten, überreichten die Kinder allen einen kleinen Olivenzweig, der mit einem Kärtchen mit weihnachtlichem Gruß versehen war: *"Feliz Navidad"*.

Am ersten Weihnachtsfeiertag aßen wir dann mit Genuß und in froher Runde mit lieben Freunden – einen großen Truthahn.

Die Frau des Schlachters bedauerte es sehr, aber die Gans war nun doch leider nicht aus Palma gekommen.

Silvester und die Weintrauben des Glücks

Das Jahresende angemessen auf Mallorca zu verbringen, ist nicht weiter schwierig.

Da gilt es nur zu entscheiden, bei wem die Feier stattfinden soll, mit anderen Worten, wer sein stilvolles Heim mit quietschbunten Papiergirlanden und Luftschlangen dekorieren darf. Die Freunde kommen auf jeden Fall gerne, steuern sogar etwas zum Essen bei, und gute Laune haben sie auf Mallorca sowieso.

Nur an eines muß unbedingt gedacht werden: Weintrauben müssen her!

Schließlich sind wir in Spanien und ohne die *uvas de la suerte* geht es nun mal nicht. Die sind das Wichtigste an der ganzen Silvesterfeierei.

Nie ist das Angebot an Weintrauben so groß wie drei Tage vor Silvester. In riesigen Haufen verdrängen sie bei den Obsthändlern auf dem Markt alle anderen Früchte. Je nach Familiengröße und Freundeskreis kauft die mallorquinische Hausfrau kiloweise Weintrauben ein; und wie selbstverständlich stehen wir dabei, vergeblich nach den kleinen, kernlosen Ausschau haltend.

Am Silvestertag werden die einzelne Beeren in kleine Häufchen zu zwölf Stück sortiert. Jeder, der mitfeiert, bekommt in der Serviette oder im Papierkörbchen zwölf schöne große Weinbeeren neben seinen Teller gelegt. Denn die braucht er um Mitternacht, wenn die *noche vieja* zu Ende geht und das *año nuevo* beginnt.

Am besten bestellt man rechtzeitig – so im Oktober – einen Tisch in seinem Lieblingsrestaurant. Das gefällt uns immer besonders gut. Vor allem, weil zu jedem Gedeck des Silvestermenüs eine silberbunte Plastiktüte im Supermarktbeutelformat gehört. Noch vorm Aperitif machen wir uns über ihren Inhalt her und setzen uns begeistert ein schillerndes Papphütchen auf die Frisur und eine schwarze Intellektuellenbrille mit integrierter Plastikknollennase ins Gesicht. Verzückt tröten wir kurz vor Mitternacht ins Mundstück der Papiertrillerpfeife, die sich dabei so schön entrollt und dick aufgeblasen vor unseren Mündern wippt, womit wir unseren Teil zum vielstimmigen Silvesterkonzert beigetragen haben.

Der Kellner bringt gerade rechtzeitig vor 12 Uhr jedem Gast seine Ration Weintrauben im Papierkörbchen, bevor das Geschnatter der fröhlichen Gesellschaft vom Fernsehgerät übertönt wird, aus dem eine plärrende Stimme die noch verbleibenden Sekunden vorm ersten Gongschlag zählt.

Sehr nett geht es auch kurz vor Mitternacht auf den dörflichen Rathausplätzen zu. Da haben sich vor allem die Jugendlichen nach dem häuslichen Abendessen eingefunden, bewaffnet mit einer Flasche Sekt und den unvermeidlichen Weintrauben in der Plastiktüte. Die ersten Minuten des Neuen Jahrs verbringen sie regelmäßig damit, sich gegenseitig den Inhalt ihrer Sektflaschen über die Köpfe zu sprühen und laute Kracher und Böller vor den Füßen harmloser Zuschauer hochgehen zu lassen; das haben sie erst kürzlich von den Fremden gelernt – und die Tauben, die erschreckt aus dem Kirchturm flattern, wissen vor Aufregung nicht wohin.

Einmal standen wir in der Silvesternacht in Palma auf dem schönen Rathausplatz mit seinem uralten knorrigen Olivenbaum, gespannt die Zeiger der Rathausuhr beobachtend, die Weintrauben startbereit in der Hand.

Mitternacht. Der erste Glockenschlag ertönt.

Blitzschnell die erste Traube in den Mund, die zweite, die dritte – bei jedem Schlag der Turmuhr eine – geschafft, alle zwölf sind im Mund!

Nun stehen wir da, mit vollen Backen, denn mit dem Schlucken sind wir irgendwie nicht nachgekommen. Dazu braucht es wohl jahrelanges Training.

Nur mit dem Wünschen klappte es gut. Denn bei jeder Weinbeere, die in den Mund wandert – so will es der Brauch – soll man an einen Wunsch denken. Hat man dabei alles richtig gemacht, werden sich alle zwölf erfüllen!

Zeugen einer ganz speziellen Technik des Weintraubenschluckens wurden wir einmal bei einer privaten Silvesterfeier im Haus von *Juan* und *Catalina*. Kurz vor halb zwölf begannen die Damen, mit spitzen Fingernägeln für sich und ihren Angetrauten säuberlich die Weinbeeren zu enthäuten. Wir taten es ihnen sogleich nach, mit dem Erfolg, daß die *uvas de la suerte* um Mitternacht besonders gut den Schlund hinunterflutschten.

Manchmal muß man dem Glück eben ein wenig nachhelfen.

Die heiligen drei Könige

Sie kommen in der Nacht zum 6. Januar. Und da die mallorquinischen Kinder ihre Ungeduld kaum noch bezähmen können, braucht man sich nicht zu wundern, wenn sie am Abend des 5. Januars – wenn es dunkel geworden ist – hinaus aus ihrem Dorf laufen und dort die höchsten Punkte auf Mauern und Denkmälern erklettern, um besser die lange Straße überblicken zu können, auf der die Heiligen Männer kommen müssen!

Die Kinder müssen ziemlich lange warten und werden dabei immer ungeduldiger und aufgeregter – bis man plötzlich in der Ferne, da, wo der Sportplatz sein muß, orangerote Raketen am Himmel explodieren sieht.

Endlich, jemand hat sie gesehen! Sie kommen, sie kommen!

Aber es vergeht noch eine gute Viertelstunde, bis man zuerst ein zuckendes Blaulicht in der Dunkelheit sieht und kurz darauf eine nervtötende Polizeisirene hört, die beide zum örtlichen Polizeiauto gehören, welches nun die kleinen und großen Leute zwingt, zur Seite zu gehen, um den Königen Platz zu machen.

Es fährt langsam im Schrittempo, und dahinter folgen so um die zwanzig oder dreißig kleine Mohren, bunt gekleidet und mit Sternen in den Händen.

Und dann, ja dann kommt ein riesengroßer Schaufelbagger, auf dessen hochgestellter Schaufel der große leuchtende Weihnachtsstern befestigt ist, den die Kinder hoch oben auf dem Denkmal natürlich schon viel eher gesehen haben.

Oben auf dem Bagger sitzen viele kleine, weiße Engelchen mit ihren Musikinstrumenten – richtig wie im Himmel.

Als nächstes folgt ein von einem Pferd gezogener Erntewagen, auf dem in der Kulisse von Bethlehems Stall Maria und Josef mit ihrem Kind sitzen und huldvoll lächelnd winken.

Auf dem anschließenden Fuhrwerk sitzen die Hirten zwischen Sträuchern und Büschen mit einem echten lebendigen Schäfchen.

Ach, es ist so schön, und alle sind ganz gerührt.

Dann, endlich ist es soweit!

Auf einem prunkvollen Wagen, gezogen von zwei Rössern, sitzen die Heiligen Drei Könige mit ihrem Gefolge, das fast so prächtig gekleidet ist wie sie selbst. Sie werfen *caramelos* in die Menge, und ein kleines Kind springt vor, um eines aufzuheben – direkt vor die Hufe der Pferde! Aber der Wagenlenker der Könige hat seine Pferde fest im Griff, sie stehen und gehen keinen Schritt mehr vor! Allerdings wirft er der Mutter des kleinen Mädchens einen bitterbösen, sehr unheiligen Blick zu.

Wie sind die Könige schön!

Jetzt wird es aber erst richtig interessant: es folgen fünf Traktoren mit großen Wagen und ein Lastauto, alle voller Pakete hoch aufgetürmt, ein jedes mit den Namen der Empfänger versehen, und dazwischen Fahrräder und Mountain-Bikes und was sich halt die Kinder so gewünscht haben.

Für wen ist wohl das größte Paket, da ganz oben drauf?

Zum Schluß marschiert nun die Blaskapelle – na, so dreißig oder vierzig junge Leute werden es wohl gewesen sein, mit fröhlicher Musik – und wer folgt ihnen als erster? Na klar, natürlich der Bürgermeister mit seiner Frau und sein Stellvertreter (auch mit seiner Frau)!

Und nun gehen alle hinterher – in Schritt und Takt zur Musik – zum hellerleuchteten Marktplatz.

Vor dem Rathaus stehen schon alle Wagen aufgereiht, damit man sie in Ruhe bewundern kann, während die Heiligen Drei Könige erst einmal in die Kirche gegangen sind, und mit ihnen Maria und Josef mit ihrem Kind, wo sie vom Priester gesegnet werden – oder vielleicht umgekehrt?

Jedenfalls spielt die alte berühmte Orgel ganz wunderbar: "... und lasset uns anbeten, den Kö-hönig ...", gleich mehrere Strophen natürlich, und zum Schluß "Stille Nacht, heilige Nacht".

Es ist ergreifend schön – nur die Kinder halten es bald nicht mehr aus!

Die Heiligen Drei Könige gehen nämlich noch ins Rathaus und werfen den Rest ihrer *caramelos* vom Balkon, halten das eine oder andere Geschenk übers Geländer, laut den Namen des Empfängers dabei verkündend, bevor sie nun endlich, endlich mit allen Wagen langsam durch die Straßen ziehen und bis weit in die Nacht an jeder Tür das richtige Paket abgeben.

Im darauffolgenden Jahr zogen die Heiligen Männer sehr modern im Städtchen ein: jeder König stand in einer offenen Limousine neuester Fabrikation. Die drei Autos hatten sichtlich Mühe, zwischen den Traktoren im Schritt zu fahren und muteten auch etwas seltsam an – aber der Fortschritt ist gerade bei Königs eben nicht aufzuhalten.

Lag vielleicht deshalb auch vor unserer Haustür diesmal ein Päckchen – weit vor den Toren der Stadt?

Autos und *Vespinos*

Es gibt viele Autos auf Mallorca, zu viele, mehr noch als anderswo.

Da sind zunächst die Fahrzeuge der Einheimischen. Meist gehören sie zur kleineren Kategorie, den engen Straßenverhältnissen ihrer Ortschaften angepaßt. Da die Sonne ein Großteil des Jahres fast senkrecht steht, haben sie nie ein Schiebedach, dafür aber häufig eine Ladefläche. Auch wenn er kein Bauer ist, so nennt doch jeder Mallorquiner ein Stück Land sein eigen, und irgend etwas zum Transportieren gibt es immer.

Besonders in den Sommermonaten fährt zusätzlich ein anderes Heer an Autos der kleineren Kategorie auf Mallorcas Straßen – das sind die Mietwagen der Urlauber. Früher erkannte man sie zuverlässig an einem kleinen viereckigen, von der Mietwagenfirma dort angebrachten Aufkleber auf der Heckscheibe. Heute erkennt man sie vor allem daran, daß sie in den Städtchen auf der falschen Straßenseite parken sowie am Polizisten daneben, der deswegen gerade einen Strafzettel ausfüllt. Die Strafe trifft allerdings in den meisten Fällen die Autovermieter. Wer sein Fahrzeug dreist an einer gelben Linie parkt, wird rigoros abgeschleppt. An der Stelle des falsch geparkten Autos klebt dann freundlicherweise ein quietschgrünes Dreieck auf dem Asphalt mit dem Symbol des Abschleppvorgangs sowie einer Telefonnummer, unter der zu erfragen ist, wo man sein Auto wieder abholen und die Strafe bezahlen darf.

Unübersehbar sind die großen, geländegängigen Autos, die fast nur aus Rädern und wenig Karosserie bestehen. Die gehören auch zu den Urlaubern. Den Mund ihrer Fahrer, meist männlichen Geschlechts, umspielt stets ein glückliches Lächeln, wohingegen die weibliche Begleitung auf dem Beifahrersitz deutlich weniger glücklich mit beiden Händen mürrisch ihre Frisur festhält.

Diese Fahrzeuge werden nicht nur im Sommer gemietet, sondern auch im Frühjahr und Herbst. Auch wenn es selten vorkommt, so besteht doch die Möglichkeit, daß es zu diesen Jahreszeiten regnet und der Himmel ganz plötzlich seine Schleusen öffnet; und so sieht man die Insassen manchmal mit den merkwürdigsten Kopfbedeckungen, wie Luftmatratzen, Handtüchern und umgedrehten Badetaschen, darin über Land fahren.

Hin und wieder begegnet man Autos der gehobenen Luxusklasse. Man trifft sie mit großer Wahrscheinlichkeit an einer besonders engen und unübersichtlichen Strassenecke im Zentrum des Orts. Am besten überläßt man ihnen sofort rückwärts ausweichend die Vorfahrt.

Sie gehören den wenigen Besuchern der Insel, die gerne weite Autostrecken quer durch Europa fahren und auch vor nächtlichen Überfahrten mit Fährschiffen nicht zurückschrecken. Dafür haben sie aber garantiert eine Klimaanlage. Ihre Fahrer sieht man selten außerhalb des Autos, wahrscheinlich weil sie zum einen keinen Parkplatz finden und zum anderen Angst vor Diebstahl im gefährlichen Ausland haben. Vielleicht ist es drinnen aber auch nur so angenehm kühl.

Einen Blick auf absolute Luxuskarossen, mit hochglänzendem schwarzen Lack und chromblitzenden Lampen und Stoßstangen, kann man mitunter in einer zufällig – oder absichtlich? – offenstehenden Garage eines mallorquinischen Stadthauses werfen. Meist handelt es sich um ältere Modelle, die das ganze Jahr über liebevoll gepflegt und nur selten, bei besonderen Anlässen, wie z. B. Ausstellungen, bewegt werden.

Gehört man zur Gattung der Fincabesitzer, hat man bald das Leihwagenstadium hinter sich und nennt nicht nur ein Haus, sondern auch eine Garage sein eigen. Für die Garage braucht man ein Auto. Manche Leute bringen eines aus ihrem Heimatland mit, melden es aber nicht um, weil sie die nervenaufreibenden Behördengänge scheuen, und fahren deshalb alle paar Jahre zum heimatlichen TÜV.

Andere kaufen eines auf der Insel und fahren damit alle zwei Jahre nach Manacor. Der dortige Überwachungsverein ist dem deutschen durchaus vergleichbar: Fast immer muß man ein zweites Mal erscheinen, um sein *itv*-Ticket zu erhalten – und vorher noch einmal eine mallorquinische Autowerkstatt aufsuchen.

Einige Residenten kaufen sogar gleich zwei Autos und dazu noch einen Stellplatz in der Nähe des Flughafens. Dafür sparen sie allerdings für alle Zeiten das Taxi.

Das mit dem Taxi ist indessen eine feine Sache, vor allem, wenn man irgendwann seinen eigenen Taxifahrer aus dem eigenen Ort hat, den man, vom Heimatland aus, telefonisch mit Flugnummer und Ankunftszeit zum Flughafen bestellen kann. Dort wartet er pünktlich, oft schon mit einem Gepäckwagen am Kofferband stehend. Auf der Fahrt erzählt er dann die neuesten Klatschgeschichten aus dem Dorf – daß die Friseuse gerade mit ihrem Liebhaber durchgebrannt ist, welcher Straßenbelag auf welcher Straße gerade erneuert wird, wo kürzlich ein schwerer Unfall passiert ist und wieviele Tote es dabei gab, und was sonst noch so inzwischen alles geschehen ist.

Auch ist er bestens versiert im Umgang mit der Hundekiste, die er geschickt mit einer Schnur auf seinem

Dachgepäckträger festzurrt. Da er vom Land ist, erträgt er auch während der Fahrt klaglos und mit stoischem Gleichmut den leichten Maulgeruch eines hechelnden, hitzeungewohnten Hundes.

Leider hat mich unser Taxifahrer zuletzt gebeten, in Zukunft bei unserer Ankunft doch lieber eines der am Flughafen stationierten Taxis zu nehmen; es habe in letzter Zeit manchmal ein bißchen Ärger mit den dortigen Kollegen gegeben.

Es empfiehlt sich sehr, sein Auto bei einem der örtlichen Autohändler zu kaufen, am besten bei einem mit eigener Werkstatt. Dort übernehmen sie dann auch gerne alle zwei Jahre die Fahrt nach Manacor und sind zur Stelle, wenn das Auto nicht aus der Garage kommen will, weil seine Batterie mal wieder leer ist. Das Allergescheiteste, was man beim Autokauf tun kann, ist, sich für ein schon etwas älteres, gebrauchtes Modell zu entscheiden, das vor allen Dingen einen Vorbesitzer aus dem eigenen Ort haben sollte. Den braucht man nicht zu kennen, das ist völlig überflüssig.

Viel wichtiger ist, daß man von nun an häufig im Vorbeifahren freundlich gegrüßt wird. Am Ortseingang hebt schon der erste die Hand, ein zweiter winkt fröhlich vom Fahrrad und ein dritter hupt uns aus dem entgegenkommenden Auto grüßend an. Nein – sie alle kennen uns nicht.

Es ist nur so, daß sie unser Auto erkannt haben und noch nicht wissen, daß sein langjähriger mallorquinischer Besitzer es verkauft hat. Nach dem Gruß folgt deshalb stets ein erstaunter Blick angesichts der Entdeckung, daß da völlig Fremde im ortsbekannten Auto sitzen. Es gibt noch einen anderen Vorteil, der ungleich wichtiger ist: man kann sein Auto ruhig mal vor eine Ausfahrt oder ins Parkverbot stellen.

Meist drückt der Dorfpolizist beide Augen zu, ist doch auch er im Glauben, dies Auto sei das ihm sehr wohl bekannte eines Einheimischen. Und außerdem ist so ein Auto schließlich auch ein Stückchen Inselidentität, es läßt uns irgendwie ein bißchen mehr dazugehören.

Man braucht es nicht abzuschließen, kann es bei Hitze mit offenen Fenstern stundenlang auf dem Parkplatz am Strand stehen lassen und unbesorgt den erdigen Wurzelballen der neu erworbenen Pflanze hinten einladen.

Nun, zugegeben, es ist nicht das neueste Modell und sieht auch ein bißchen schäbig aus, aber niemand will es deshalb klauen, und keiner vermutet eine teure Fotoausrüstung im Kofferraum. Jedoch sollte man vermeiden, es am Straßenrand einer einsamen Landstraße oder

in unmittelbarer Nähe eines Autofriedhofs zu parken – immerhin ist das Profil der Reifen noch so gut wie neu.

Natürlich erfordert es eine gehörige Portion Selbstbewußtsein, mit solch einem Vehikel durch die Gegend zu fahren, da es einerseits den Neid der anderen Fincabesitzer erweckt, die im weiteren Umkreis leben, andererseits aber auch das Mitleid der Einheimischen in unserem Dorf. Wir haben für unser Gefährt schon mehrfach interessante Kaufangebote erhalten. Nur der Autohändler hofft, daß es nicht ewig fährt.

Und weil er ein tüchtiger mallorquinischer Geschäftsmann ist, hat er uns nicht nur die Autoversicherung, sondern auch noch eine Versicherung gegen Einbruch, Diebstahl, Feuer, Erdbeben und andere Umweltkatastrophen fürs Haus verkauft.

Die Töchter und Söhne der Fincabesitzer interessieren sich, sofern sie noch zu den Jüngeren gehören, nur ganz am Rande für Autos. Spätestens, wenn das erste Kind sich der fünfzehnten Wiederkehr seines Geburtstages nähert, erliegt der Residentenvater der Notwendigkeit, seinen Fuhrpark um ein neues Fahrzeug zu erweitern. Von da an darf der Nachwuchs nämlich, vorausgesetzt, daß er einen Mofa-Führerschein hat, Mopeds und andere zweirädrige Fahrzeuge bis 5o ccm führen; und die Väter der Dreizehneinhalbjährigen beschäftigen sich deshalb für circa eineinhalb Jahre mit den verschiedensten mallorquinischen Zweiradmodellen. Eigentlich bietet sich nur ein *Vespino* an, ein kleiner Motorroller. Es soll schließlich auch den Vater aushalten, der damit in Zukunft – ohne zu murren – jeden Morgen zum Bäcker fahren will.

Wenn der Kauf dann eines Tages endlich getätigt ist und das nagelneue Gefährt vor der Haustür steht, handeln sich Vater und Mutter nicht nur stürmische Liebesbezeigungen ein, sondern von da an auch unruhige Tage und schlaflose Nächte.

Ein *Vespino*, die kleine Vespa, ist im Prinzip ein recht geländegängiges Fahrzeug und das Fahren macht der ganzen Familie in der ersten Zeit sehr viel Freude. Das einzig Ärgerliche daran ist die Helmpflicht – dabei sind die wahrhaft gefährdeten Körperteile die nackten Beine.

Vorsicht vor dem zweiten Tag!

Der zweite Tag nach dem Vespinokauf war bei uns derjenige, an dem sich unser Erstgeborener sicher genug für eine längere Exkursion fühlte und seinen jüngeren Bruder zu einer kleinen Spritztour, selbstverständlich nur auf ganz ruhigen Seitenstraßen, einlud. Daß das Gefährt nur für eine Person zugelassen ist, interessierte die beiden nicht sonderlich, ebensowenig wie der steinige Schotterbelag der ruhigen Seitenwege und die elterlichen Verbote.

Es kam, wie es kommen mußte: In einer an sich harmlosen Kurve kam ihnen ein Auto entgegen, sie mußten ein wenig bremsen, und da der Kleine auf dem eigentlich nicht vorhandenen Rücksitz sich nicht vorschriftsmäßig in die Kurvenlage gebracht hat (wie sein Bruder behauptete), lagen sie ganz plötzlich auf der Seite im Dreck.

Wir hatten schon eine Weile leicht beunruhigt auf sie gewartet; deshalb freuten wir uns sehr, als unsere Kinder mit aufgeschürften Beinen und leicht humpelnd wieder zu Hause ankamen. Auch freuten wir uns über die Gelegenheit, endlich einmal die Sozialstation vom

cruz roja, dem spanischen "Roten Kreuz" kennen-
zulernen, wo die Söhne eine Tetanusimpfung und eine
leuchtend rote Tinktur zum Einpinseln der lädierten
Beine bekamen. Die Behandlung war kostenlos und der
mallorquinische Arzt und die Krankenschwestern sehr
kompetent; trotzdem hofften wir, daß unser Besuch
dort nicht nur der erste, sondern auch der letzte war.

Mit dem *Vespino* war fast gleichzeitig der Zeitpunkt gekommen, an dem die halbwüchsigen Kinder allein
abends in die Disco fahren und die Eltern endlich wieder zur gewohnten Zeit ins Bett gehen können.

Wir gewöhnten uns schnell an die schlafarmen Nächte
und fielen zufrieden gegen fünf Uhr am Morgen, wenn
es hell wird, in den Schlaf. Da endlich ging der Schlüssel im Türschloß, und wir hörten die Jungs ins Haus
schleichen: sie hatten unbedingt noch den Sonnenauf-
gang am Meer erleben müssen!

Dafür hatten wir natürlich vollstes Verständnis – denn
endlich konnten wir die Tage bis zum späten Nachmittag wieder nach unserem Geschmack gestalten und
auch über Mittag ein bißchen ruhen. Und pünktlich
zum Abendessen waren die Kinder ja wieder wach.

Alte Wege, neue Mauern

Da gibt es ein uraltes Gesetz auf Mallorca, das handelt vom Wegerecht und ist bis auf den heutigen Tag unangetastet.

Dabei geht es um die vielen kleinen, nicht asphaltierten Wege zwischen den Trockenmauern, die ein Feld vom anderen abgrenzen, Besitzverhältnisse anzeigen, den Tieren auf der Weide ihre Grenzen aufzeigen und verhindern, daß die wenige Erde über dem felsigen Grund vom Wind davongetragen wird. Es sind öffentliche Wege, die niemandem privat gehören. Wie ein dichtes Netz überspannen sie die ganze Insel.

Die ersten alten Trockenmauern, die *paredes secas*, wurden wohl schon von den Römern angelegt, später von den Mauren verfeinert und vervollkommnet, besonders um den fruchtbaren Boden an den Berghängen zu terrassieren. Heute ist der Beruf des *marger* wieder zunehmend gefragt, da es in letzter Zeit viele neue Mauern aufzubauen gilt, um die neuen Besitztümer, hauptsächlich der Fremden, zu parzellieren und einzugrenzen.

Früher gab es zwei Wegbreiten. Die eine, der *callejón*, war so schmal, daß gerade mal ein Esel oder Maultier hindurchpaßte, gefolgt von seinem Besitzer, der den Handpflug führte.

Der andere, der *camino*, war ausreichend breit für Pferd und Wagen, um die Ernte einzubringen.

Die Zeiten haben sich schon lange geändert, und in ihrem Verlauf wurde so mancher Weg auf Traktorgröße verbreitert.

Zu unserer Finca gehört ein kleines Stück Land, das bisher von einem alten zugewucherten *camino público* vom Rest des Grundstücks abgetrennt ist. Im rechten Winkel führt er an unseren Außenmauern vorbei und verliert sich in einem schmalen *callejón*, der weiter hinten auf einem Feld endet. Niemand hat ihn seit 50 Jahren mehr benutzt.

Nun wollten wir eines Tages gerne jenes Grundstück an den Rest anbinden, und wir erkundigten uns an höchster Stelle, beim Friedensrichter, ob es da eine Möglichkeit gäbe.

Oh ja, die gibt es – selbstverständlich – wir hätten auch durchaus das Recht dazu, nur, wir müßten natürlich einen neuen öffentlichen Weg mit der dazugehörigen Trockenmauer anlegen und vor allem die angrenzenden Nachbarn – es sind zwei – um Erlaubnis fragen. So weit, so gut.

Der Bauer, der das Feld am Ende des *callejón* bearbeitet (und der längst eine neue größere Zufahrt zu seinem Acker hat), heißt *Alfonso*.

Alfonso ist ein netter Mann, er hat nur einen Fehler, er kommt von der "península", der Halbinsel, wie das spanische Festland despektierlich von den Mallorquinern genannt wird. Und die Felder gehören deshalb seiner Frau, die von hier ist und die wir deswegen fragen müßten. Er könne leider nichts dazu sagen.

Also machten wir uns eines Spätnachmittags auf den Weg in den Ort, um persönlich bei ihr vorzusprechen.

Unsere Freundin *Cati* bot uns ihre Begleitung an, die wir gern annahmen und die wir, wie sich noch herausstellen sollte, auch gut gebrauchen konnten.

Wir trafen *Alfonso* vor seinem Haus, und er führte uns in einen langen kahlen Eingangsflur, in dem sogleich seine Frau erschien.

Cati stellte uns und unser Anliegen vor, und wir überließen ihr bereitwillig das Reden. Das tat sie natürlich in *mallorquín*. *Alfonsos* Frau hörte sich das eine Weile an, wobei sie uns nur kurz mit den Blicken streifte, um dann ihrerseits in langen Tiraden zu erklären, daß es sich eigentlich um den Besitz ihrer alten Mutter handele, und sie aber auch gar nichts dazu sagen könne und wolle.

Wir müßten schon, allein aus Gründen der Höflichkeit, mit ihrer Mutter sprechen.

Alfonso machte währenddessen zaghafte Andeutungen, uns weiter hinein ins Innere des Hauses zu bitten, aber seine Frau zeigte keine Neigung, ihrem Ehemann zu folgen. Das war sehr deutlich – im Haus hat nun mal die Frau das Sagen.

Wir verabschiedeten uns höflich, und *Cati* fuhr mit uns zum Haus der Mutter.

Die Mutter heißt *Teresa. Cati* schob den Fliegenkettenvorhang vor ihrer Haustür ein paar Zentimeter zur Seite und rief nach ihr. Sogleich erschien eine kleine, stämmige, sehr resolute Person mit kurzgeschnittenem, grauen Haar und einer Brille mit dicken Gläsern.

Sie schob ihren Vorhang ein Stück beiseite und, da jeder im Dorf sich kennt, begrüßte sie *Cati*, blieb aber dabei hinter ihrem Regenbrett (am Vormittag hatte es einen kurzen Gewitterschauer gegeben) stehen und würdigte uns Fremde keines Blickes.

Während *Cati* ihr nun in ausschweifendstem *mallorquín* die Sachlage erklärte, streifte uns so mancher Blick aus dem Augenwinkel.

Nach einer Weile schob sie ihr Brett beiseite und kam zu uns nach draußen auf den schmalen Bürgersteig. Da standen wir nicht mehr lange, denn kurz darauf hatte sie uns drei schon ganz auf die Fahrbahn gedrängt, wo die Autos um uns herumfahren mußten. Mit in die Hüften gestemmten Armen setzte sie dann unserer *Cati* auseinander, daß sie ja schon genug Probleme mit der anderen Fincabesitzerin hätte, die sich von ihrem, *Teresas* Grund und Boden ein Stück heimlich einverleibt hätte, und nun wollten auch wir Fremden noch den Weg verlegen! Ihr ganzes Leben lang hätte sie ihn benutzt und 73 Jahre sei sie nun schon alt und überhaupt – Vertrauen habe sie zu niemandem mehr. Sie meinte, sie könne nach unserer Wegumlegung nicht mehr zu ihrem Acker gelangen (auf dem sie schon seit Ewigkeiten nicht mehr war), höchstens mit einem Hubschrauber.

Es war ein endloses Palaver, wobei sie aber plötzlich dazu überging, in Spanisch mit mir persönlich zu sprechen. Dann wieder eine Weile in *mallorquín* mit *Cati*, dann wieder in Spanisch mit uns, wobei sie immer näher rückte und mir zum Schluß die Hand auf den Arm legte und sagte: "*no se preocupe, encontraremos una solución*" – "Machen Sie sich keine Sorgen, wir werden schon eine Lösung finden".

Wir standen immer noch auf der Straße, schon eine dreiviertel Stunde lang. Aber *Teresa* hatte derweil ausreichend Zeit gehabt, uns näher in Augenschein zu nehmen und uns ein- und abzuschätzen.

Teresa gefiel uns, eine charaktervolle Frau noch aus der alten Zeit, mißtrauisch gegenüber all den Veränderungen auf ihrer Insel.

Teresa hatte es sich wohl über Nacht durch den Kopf gehen lassen, jedenfalls erschien sie am nächsten Morgen bei *Catis* Mutter, die in der Nähe wohnt, um uns für unser Projekt grünes Licht zu geben.

Das freute uns und machte uns zuversichtlich, was die andere Fincabesitzerin betraf, die wir noch aufsuchen mußten.

Ganz Mallorca scheint den Frauen zu gehören!

Die andere Grundstücksbesitzerin ist wesentlich jünger und wesentlich größer und nur unwesentlich weniger charaktervoll.

Sie hat einen Mann, der zwei Köpfe kleiner ist und ihr im Abstand von einigen Metern folgt und nichts zu sagen hat.

Die beiden begaben sich höchstpersönlich hinaus aufs Land, um alles in Augenschein zu nehmen.

Da stolzierte sie dann herum und durchs Gestrüpp, wobei sie ihren Rock bis über die Hüften anhob. Dabei gab sie nicht nur den Blick frei auf ihre langen schlanken Beine, sondern auch auf den Badeanzug, den sie darunter trug.

Sie wäre einverstanden, wenn der neue Weg wesentlich breiter würde, schließlich wolle sie ihn bequem mit dem Auto befahren.

"*No se preocupe, encontraremos una solución*", antwortete ich ihr.

Muy Mallorquín

Der Mallorquiner verläßt nur ungern seine Insel.

Wenn er es doch tut, was selten vorkommt, treibt ihn das Heimweh schon bald wieder nach Hause. Tief in seinem Innern fühlt er, daß es nirgendwo auf der Welt schöner ist als auf Mallorca.

Dem wahren Fincabesitzer geht es in kürzester Zeit ebenso – und überhaupt, wenn man es richtig betrachtet, unterscheidet er sich bald nur noch unwesentlich vom echten Mallorquiner. In erstaunlich kurzer Zeit hat er zum Beispiel das Begrüßungsritual gelernt. Unter Männern ist es ja recht einfach, klopfen sie sich doch nur gegenseitig kräftig auf den Rücken.

Als Frau hat man es da schon etwas schwerer: hält man doch zu Anfang noch häufig beim Küssen zuerst die falsche Wangenseite hin. Es erfordert schon etliche Zeit der Übung, bis man die richtige Reihenfolge des Doppelkusses heraus hat, und es mit dem Küssen reibungslos klappt.

Um Mißverständnissen vorzubeugen, sollte man beachten, einem Mann nur mit einer leichten Hebung des Kopfes sein Gesicht entgegenzurecken, um huldvoll seinen Begrüßungskuß entgegenzunehmen. Dasselbe tut eine ältere Frau, wenn sie von einer jüngeren freundschaftlich begrüßt werden möchte; gleichaltrige und damit gleichgestellte küssen sich unkompliziert zur gleichen Zeit.

Doch mit der Zeit geht es einem dermaßen in Fleisch und Blut über, daß irgendwann sogar die Freunde in Deutschland beidseitig geküßt werden, sehr zu deren Verwunderung, besonders dann, wenn man früher nicht zu den Begrüßungsküssern gehörte.

An Sonntagen denken wir inzwischen automatisch daran, das Brot für den Montag gleich mitzubesorgen. Nie mehr wird man uns montags vor dem verschlossenen Bäckerladen sehen!

Auf dem Markt kaufen wir stolz nur die einheimischen Produkte und lassen die Tomaten aus Gran Canaria, die wir zu Hause den holländischen vorziehen, liegen.

Geduldig warten wir beim Schlachter, bis wir an der Reihe sind, und der mit Zichorie versetzte Kaffee schmeckt uns am besten.

Halb nackt trifft man uns höchstens am Strand an, niemals jedoch in der Öffentlichkeit.

Auch unsere Persiannas vor den Fenstern bleiben fast immer geschlossen, um im Sommer die Hitze, im Winter die Fliegen und ganzjährig neugierige Blicke am Eindringen zu hindern.

Wenn es regnet, freuen wir uns genauso wie die Einheimischen und stellen ein Brett vor unsere Haustür, damit der Regen nicht über die Schwelle kommt.

Am Mittag halten wir drei Stunden *siesta*, und am Strand sieht man uns nicht vor fünf Uhr nachmittags.

Gehen wir auswärts essen, fällt es uns inzwischen kaum noch schwer, erst kurz vor den Spaniern zu kommen, die selten vor 22 Uhr erscheinen. Haben wir allerdings Besuch aus Deutschland, macht es manchmal schon etwas Mühe, ihm zu erklären, daß außer dem Koch, der gerade seine Töpfe sortiert, kein Mensch um sieben Uhr abends im Restaurant sitzt.

Wir wissen, wo das beste Spanferkel serviert wird, und fahren eine Stunde ins Inselinnere, um gefüllte Wachteln zu essen.

Daß wir Restaurants bevorzugen, in denen hauptsächlich Mallorquiner essen, versteht sich von selbst.

Als Aperitif trinken wir selbstverständlich einen *Palo* und nach dem Kaffee nur noch *Suau*, den auf Mallorca hergestellten Cognac, der auch nicht ausgeführt wird.

Im Sommer verlasse ich das Haus nicht mehr ohne einen meiner diversen Fächer – immer passend zum Kleid – und keine *señora* wedelt sich so elegant Kühlung damit zu wie ich. Als ob ich nie etwas anderes getan hätte, fächele ich locker aus dem Handgelenk. Sogar mein Mann hat sich an den Anblick gewöhnt – nur meine Söhne zeigen manchmal noch ein spöttisches Lächeln auf den Lippen.

Am liebsten hätte ich eine mallorquinische Schwiegertochter – und ein schwarzes *sobrasada*-Schwein, wobei mir sicherlich der letzte Wunsch eher erfüllt werden wird. So könnte ich mich endlich meiner Küchenabfälle praktisch entledigen, und niemand müßte mehr das alte Brot zum nächsten Schweinekorral bringen. Aber vielleicht fangen wir auch erst einmal mit ein paar Hühnern an ...

"Kommt doch mal vorbei, wenn ihr Zeit habt", geht es uns herzlich und spontan über die Lippen, und nichts verwundert uns mehr, wenn es dann tatsächlich einer tut. Ausgerechnet an dem Tag sind die Betten wieder nicht gemacht, und die Blumen in der Vase lassen schlapp ihre Köpfe hängen. Nur gut, daß wir immer etwas zum Anbieten im Haus haben: schnell ist ein Schälchen mit den selbst eingelegten Oliven gefüllt, ein paar Häppchen Brot mit *sobrasada* belegt, ein bißchen Ziegenkäse und *serrano* sind auch noch da und – natürlich – Mandeln als Knabberei zum roten Wein. Zum

Nachtisch reichen wir Feigen frisch vom Baum. Spätestens dann ist der Rundgang durch den Garten angesagt und jedes "Ah" und "Oh" söhnt uns mit dem Überraschungsbesuch wieder aus.

Mindestens ein original mallorquinisches Möbelstück aus dem vorvorigen Jahrhundert ziert unser Haus und etliche der alten Töpfe und Krüge würden sich auch im Museum gut ausnehmen.

Daß wir immer noch mit suchendem Blick an alten und verlassenen Gemäuern vorbeigehen, entlarvt uns allerdings als Fremde.

Wie echte Mallorquiner grüßen wir jeden mit einem langgezogenen "*Olaah*", melden uns am Telefon mit "sí" und verschieben unwichtige Dinge auf "*mañana*".

Mañana fängt neuerdings bei uns regelmäßig um kurz vor sieben Uhr in der Frühe an. Da werden wir von einem anhaltenden Gehupe direkt vor unserer Haustür geweckt.

Als es zum ersten Mal hupte und ich mich noch schläfrig wunderte, wer in drei Teufels Namen es denn wage, uns um diese Zeit aus dem Bett zu holen (für den Elektriker, auf den wir schon seit Tagen warteten, war es entschieden zu früh). Ich eilte dann aber doch ans Fenster und wollte meinen Augen nicht trauen: Vor der Tür stolzierte ein prächtiger Pfau hin und her und hupte wie ein Autobus. Ich nahm an, daß es sich um dasselbe Exemplar handelte, das normalerweise etwas weiter entfernt beim Bauern den Morgen mit seinen schrillen Schreien begrüßt. Vor ihm auf dem Mäuerchen saß, ihn bewundernd, unsere Katze.

Diese Idylle – und, wie ich meinte, einmalige Gelegenheit – hätte ich gerne im Bild festgehalten. Bis ich aber mit dem Einlegen des Films in die Kamera fertig und durch die Hintertür nach draußen geschlichen war, saß der Pfau bereits oben auf dem Dach und hupte dort vor sich hin.

Auch dieser Anblick war mir ein Foto wert, sah er doch im frühen Morgenlicht, dessen Sonnenstrahlen sein schillerndes Gefieder zum Aufleuchten brachten, neben der Fernsehantenne äußerst dekorativ aus!

Von oben schwang er sich dann elegant herunter aufs Dach unseres Autos, wo er nun an angemessener Stelle sein monotones Hupkonzert fortsetzte. Diese neuen, tiefen Töne schienen es ihm angetan zu haben, und er probierte sie unermüdlich; ab und zu rutschte ihm aus Versehen einer seiner üblichen Schreitöne dazwischen.

Außer mir und der Katze fand sich aber vorerst kein weiteres Publikum, und so machte er sich nach einer Weile wieder auf den Heimweg.

Von da an wiederholte sich sein frühmorgendlicher Auftritt täglich über fünf Wochen lang.

Unsere anfängliche Begeisterung über den außergewöhnlichen Besuch nahm, proportional zur Menge seiner Großvogelkleckerei, von Tag zu Tag ab. Und der Sohn unserer mallorquinischen Nachbarn, der die handwerkliche Begabung seines Vaters geerbt hatte, begann sich ernsthaft Gedanken über die Konstruktion einer Pfauen-Falle zu machen. Falls ihm das Einfangen gelänge, wolle er ihn dem Eigentümer zurückgeben, damit der seinen Pfau ordentlich einsperren könne.

Sein Vater aber, der gelegentlich fürs Mittagessen verantwortlich ist, überlegt sich derweil schon, ob sein größter Dampfdrucktopf wohl ausreichen würde, den Vogel garzukochen.

Eh` ich es vergesse, einen besonderen mallorquinischen Brauch muß ich noch erwähnen. *Cati* erzählte mir eines schönen Tages, was ein echter Mallorquiner unter seiner Bettstatt liegen hat: ein Knoblauch-Säckchen! Ja wirklich, das hält Krankheiten von ihm fern. Dafür müßte ich aus möglichst zitronengelbem Stoff eigenhändig ein kleines Säckchen nähen – so circa zehn Zentimeter im Quadrat wären völlig ausreichend. Da hinein soll eine frische Knoblauchzehe, und zugebunden wird es mit gelbem Schleifenband. Dann muß man es in der Mitte unters Bett auf den Fußboden legen, regelmäßig den Knoblauch erneuern – und ich würde es schon merken, wir würden gesund bleiben, selbst im Winter, wenn es feucht und kalt wird.

Das gefiel mir natürlich ausnehmend gut und ich machte mich bei nächster Gelegenheit ans Werk. Na, so zehn oder zwölf Säckchen habe ich dann produziert. Falls wir mal Besuch hätten, würde der uns dann auch nicht krank werden.

In jedes steckte ich sicherheitshalber zwei Knoblauchzehen hinein. Doppelt hält besser!

Jeder von uns hat nun sein Gesundheitssäckchen unterm Bett, und es ist auch noch niemand krank geworden.

Nur einmal hat mich im Sommer Montezumas Rache erwischt, aber da hatte ich wohl vergessen, die Knoblauchzehen rechtzeitig zu erneuern.

Einmal schenkte mein Mann mir zum Hochzeitstag ein *siruell*. Dabei handelt es sich um eine der merkwürdigen, weißbemalten und mit roten und grünen Tupfern besprenkelten Tonfiguren, die aussehen, als ob sie direkt aus *Joan Mirós* Werkstatt entsprungen seien. Auf ihrer Rückseite sind immer kleine Tonpfeifen eingearbeitet.

Es war eine Doppelfigur – Mann und Frau. Zum Glück wußte ich um die Bedeutung der Figürchen: Die schenkt nämlich auf Mallorca der verliebte Jüngling seiner Auserkorenen. Sie hat drei Möglichkeiten, auf das Geschenk zu reagieren: Wirft sie es auf den Boden, daß es in tausend Teile zerspringt, hegt sie kein Interesse. Behält sie es in der Hand oder steckt es in die Tasche, bedeutet dies ein "Vielleicht". Führt sie es gar an ihre Lippen und entlockt dem *siruell* einen Ton, sagt sie damit unmißverständlich, daß sie ihn erhört.

Ja sicher, ich habe hineingeblasen und leise geflötet – und meinem Mann hinterher erklärt, daß unser Hochzeitstag der *día de los santos inocentes* ist, der Tag der heiligen Unschuldigen (Kinder), an dem die Spanier alle "in den April" schicken!

Doch, wir haben viel gelernt und sind den Mallorqui-nern schon recht ähnlich – nur mit deren Toleranz den Touristen gegenüber hapert es bei uns noch gewaltig.

Abschied

Die letzten beiden Tage sind die schlimmsten!

Die Koffer sind schon fast fertig gepackt, die große Flasche Olivenöl bruch- und auslaufsicher darin verstaut, die Mandeln geschickt drumherum drapiert. Die getrockneten Aprikosen vom Markt, und die größten und schönsten Granatäpfel aus dem Garten haben auch noch darin Platz gefunden.

Und nun schleichen wir mit bedrückter Miene herum, alles mit Blicken aufsaugend, als ob wir unser Paradies nie wieder sehen sollten.

Ein letztes Mal gehen wir zum Strand, mit wehmütigem Blick aufs Meer hinausschauend und wohlig die letzten Sonnenstrahlen auf der Haut genießend.

Von den Freunden haben wir uns bereits gestern verabschiedet, aber uns nicht lange bei ihnen aufgehalten.

Die Zeit drängt, und die letzten Stunden brauchen wir für uns.

Wir gehen durch alle Räume und versichern uns der geschlossenen Fenster, der herausgezogenen Stecker. Die Schranktüren bleiben leicht geöffnet, die Persiannas sind zu. Wasser und Telefon sind abgestellt, die Stühle der Terrasse hereingeholt. Das Auto steht in der Garage, und das letzte Stückchen Käse und der Rest von der Milch sind auf dem Mäuerchen für die Katzen hingestellt. Aber die Katzen kommen nicht mehr. Längst haben sie bemerkt, daß wir wieder abreisen.

Wir gehen durch den Garten, hier und da unsinnigerweise ein Unkraut rupfend. Die Töpfe an der Mauer brauchen noch etwas Wasser, den Gartenschlauch lassen wir liegen, so als bräuchten wir ihn morgen wieder.

Die alten Gartenschuhe stehen draußen vor der Tür, als ob ihre Besitzer gleich zurückkämen. Die rote Staubschicht, die vom Feld herüberfliegt, wird sie in ein paar Tagen Lügen strafen.

Fünf reife Zitronen und zwanzig blaue Feigen, verpackt in zwei leeren Eierkartons, müssen noch ins ohnehin schon schwere Handgepäck. Das am Vortag gepflückte Lavendelsträußchen kommt vorsichtig oben drauf.

Das Gesicht zur Sonne gewandt, sitzen wir neben unserem Gepäck auf der Steinbank vorm Haus. Das Taxi kommt fünf Minuten zu früh.

"*Adiós y hasta la próxima vez*", flüstern wir den Steinen zu und steigen entschlossen ins Auto unseres Taxifahrers, der uns – wie immer – zum Flughafen fährt. Dort nehmen wir einen letzten Kaffee bei den Panoramafenstern, die uns über dem neuen Terminal ein Stück des abendlichen rosaroten Himmels freigeben.

Die letzten goldenen Sonnenstrahlen verschwinden im Westen hinter der *Sierra Tramuntana*, während wir langsam die Gangway hinauf ins Flugzeug steigen.

Es ist – wie immer – der letzte Flug am Abend nach Hause.

Nach Hause?

Danke

Ich danke meiner Schwägerin Jutta, der ich zunächst tagelang meinen Text in die Schreibmaschine diktieren durfte, meinem Sohn Tobias, der später alles in den Computer tippte und mir geduldig den Umgang mit dem Schreibprogramm eines PC beibrachte sowie unserem Freund Wolfgang Ewert, der hervorragende Dias meiner Bilder machte

Glossar
der in diesem Buch vorkommenden
spanischen und mallorquinischen Begriffe

"A quién toca?"	"Wer ist der nächste?"
"A mí"	"Ich!"
aceitunas	Oliven
adiós y	Tschüs und
hasta la próxima vez	bis zum nächsten Mal
agua sin gas	Wasser ohne Kohlensäure
aioli	Knoblauchmayonnaise
albañil(es)	Maurer (plural)
año nuevo	das Neue Jahr
azulejos/baldosas	Wand-/Bodenfliesen
bon profit	Guten Appetit (*mallorquín*)
brasero	Kupferbecken für Glut zum Füßewärmen
buenas noches	guten Abend (Nacht)
buenos días - bon día	guten Tag (spanisch - *mallorquín*)
butifarrón	Blutwurst (*mallorquín*)
cabell d`ángel	Engelshaar, hier: Kürbismarmelade
café solo	schwarzer Kaffee/Espresso
café con leche	Milchkaffee
cal viva	ungelöschter ("lebender") Kalk
cala	Bucht
callejón	schmaler Weg
camilla	Holzkonstruktion für *brasero*
camino - camí	Weg/Straße (spanisch - *mallorquín*)
camino público	öffentlicher Weg
campesino	Bauer

cantarera	Holzgestell für Wasserkrüge
caramelos	Bonbons
carne picada	Hackfleisch
carpintero	Tischler
casalla	Likör aus Kräutern und Anis
cenar	(zu Abend) essen
cerrado	geschlossen
chuleta de cordero	Hammelkotelett
ciempiés	("Hundert-") Tausendfüßler
coca	Mallorquinische Pizza
comandancia	Komandantur (Polizei/Militär)
como siempre	wie immer
conejo (con cebollas)	Kaninchen (mit Zwiebeln)
cordero	Hammel(fleisch)
cortado	Espresso mit etwas Milch
datilera	Dattelpalme
dimonis i caparrots	Teufel und Großköpfige (*mallorquín*)
domingo	Sonntag
empanada de cordero	Teigtasche mit Hammelfleisch
ensaimada	süßes Schmalzgebäck in Form eines plattgedrückten Turbans
ensaimada con albaricoques	Ensaimada mit Aprikosen
ensalada mixta	gemischter Salat
extranjero - forastre	Ausländer (spanisch - *mallorquín*)
Felíz Navidad	Frohe Weihnachten
fiesta	Fest
flores	Blumen
frito de cordero	Kartoffel-Gemüsepfanne mit Innereien vom Lamm

furgoneta	Lieferwagen
galletas	trockene Kekse
gató	Mandelkuchen
gotas frías	"kalte Tropfen": erster Regen im September nach dem heißen Sommer
gitanos	Zigeuner
greixonera(s)	Irdenes Kochgeschirr
guardia civíl	Zivilgarde: Kriminal-/Schutzpolizei
hemos comido	wir haben (zu Mittag) gegessen
hierbaloísa	Teekraut
hierbas	Kräuter(likör)
mala hierba	Unkraut
hormigas	Ameisen
hoy (cerrado)	heute (geschlossen)
leña	Brennholz
llaut	mallorquinisches Fischerboot
lleno	voll
lomo	Schweinelende
longaniza	dünne Schweinemettwurst
lumumba	heißes Milchgetränk mit viel Brandy und wenig Kakao
madrina/padrino	Patentante/Patenonkel
matanza	Schlachtfest
(la) mañana	morgen (der Morgen)
mes de las flores	Blumenmonat (Mai)
monas de pascua	Oster-Schokoladenfiguren
moscas	Fliegen
muy mallorquín	sehr mallorquinisch
ningún problema	kein Problem
noche	Nacht

noche vieja	die alte Nacht (Silvester)
obras	Bauarbeiten/Straßenarbeiten
oferta	Sonderangebot
pala	Bagger (umgangssprachlich)
palacio	Palast
palo	beliebter Kräuterlikör auf der Basis von Johannisbrotbaumfrüchten
panadería - forn	Bäckerei (spanisch - *mallorquín*)
panecillo(s)	Brötchen
paredes secas	trockene, d.h. ohne Mörtel befestigte Mauern
pascua	Ostern
pavo real	Pfau ("königlicher Truthahn")
peninsula	Halbinsel, hier auch "spanisches Festland"
perdón	Entschuldigung
picadillo	pikante Tunke aus Olivenöl, Knoblauch, Meersalz und Petersilie
picaporte	Türklopfer
platja	Strand (*mallorquín*)
policía local	Ortspolizei
porc negre	schwarzes Schwein (*mallorquín*)
porche	überdachte Terrasse
por favor	bitte
ramellets	Wintertomaten
ramos	Zweige
rastrillo	Weizendreschbrett
residencia	Aufenthaltsgenehmigung
robiols	süße gefüllte Teigtaschen

salchichas	Bratwürste
salud	Gesundheit, aber auch "Prost!"
semana santa	(Heilige) Osterwoche
serrano	luftgetrockneter Schinken
siesta	Mittagsruhe
siruell	weiße Tonfigur mit grünen und roten Farbtupfern
sobrasada	Paprikawurst vom schwarzen Schwein
tapa(s)	Ursprünglich "Deckel" in Form einer Scheibe Brot, Wurst oder Käse, den man zum Wein reichte. Heute unterschiedlichste Appetithappen
tela de lenguas	Ikat-Stoff mit Zungenmusterung
tinaja	tönerne Amphore
trampó	Sommersalat aus grünem Paprika, Zwiebeln und Tomaten
túmbet	Gemüseteller (Vorspeise)
turrón	Süßigkeit aus Mandeln, Zucker und Honig (ähnlich Marzipan)
uvas de la suerte	Weintrauben des Glücks
verbena	Volksfest mit Musik und Tanz
vespino	Moped ("kleine Vespa")
zaguán	hier: ebenerdiger Wohnraum (ohne Vordiele) einer Finca

Alle Reiseführer von Reise

Reisehandbücher
Urlaubshandbücher
Reisesachbücher
Rad & Bike

Know-How auf einen Blick

Praxis

Edition RKH

KulturSchock

Wo man unsere Reiseliteratur bekommt:

Jede Buchhandlung in der BRD, der Schweiz, Österreichs und in den
Benelux-Staaten kann unsere Bücher beziehen.
Wer trotzdem keine findet, kann alle Bücher über unseren Internet-Shop
unter **www.reise-know-how.de** oder **www.reisebuch.de** bestellen.

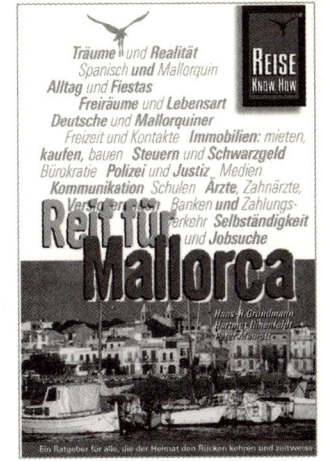
Reif für Mallorca ist ein Buch für alle, die mit dem Gedanken spielen, länger als nur ein paar Urlaubswochen auf Mallorca zu verbringen und sich dort eventuell niederzulassen. Sei es als flexible(r) Freiberufler(in), der/die zwischen Mallorca und Deutschland pendeln könnte, als Ruheständler mit Drang zu Sonne und Meer oder auch als Mutige(r), die/der noch mit beiden Beinen im Berufsleben steht und den Broterwerb am liebsten ganz auf die Insel verlagern möchte.

Dieser neue **Ratgeber** liefert Know-How zur Bewältigung von Fragen und Problemen, mit denen Mallorca-Einsteiger sich unweigerlich konfrontiert sehen: Mietvertrag, Kauf von Immobilien, Geschäftseröffnung, finanzielle Transaktionen, Umgang mit Behörden und Banken, Jobsuche, Kontakte zu Mallorquinern und Landsleuten, Sprache, Schulbesuch der Kinder u.a.m.

Insider-Tips erleichtern den Einstieg und helfen, Zeit zu sparen, Ärger und Lehrgeld zu vermeiden und typische Newcomer-Fehler gar nicht erst zu machen. Auch für Eventualitäten wie Unfall und Krankheit sagt das Buch, was zu tun ist.

Darüber hinaus vermittelt **Reif für Mallorca** Wissenswertes, Unterhaltsames und Amüsantes zu vielen Aspekten des Lebens auf der Insel, zu Gewohnheiten und Verhaltensweisen ihrer Bewohner. Interessant ist dieses Buch deshalb auch für Urlauber, die mehr über Mallorca erfahren wollen als das, was üblicherweise in Reiseführern steht.